JN166973

新・魔法のコンパス

西野亮廣

角川文庫
21611

はじめに

「セール品が売れなくなってきた」

国内外で人気のファッションブランドを展開している友人がそんなことを言っていた。

お客さんがセール品を選ばない理由は、「セール品を買っても、メルカリで売れないから」らしい。

生活の真ん中に『メルカリ』がある「メルカリネイティブ世代」は、「メルカリで売れるかどうか？」が商品購入時の判断基準になっていて、メルカリで売れるものを買う傾向にある。

お店側からすると、「メルカリで売られる商品が売れる」というわけ。

つまり、ボクらの中にあった「売れないから商品の値段を下げる」という常識が、今は非常識になっているという話。

この調子で、時代は猛スピードで変化を続けている。

どうもこんにちは。

キングコング西野亮廣です。

普段は芸人をやったり、絵本を描いたり、ＷＥＢサービスを作ったり、映画を作ったり、美術館を作ったり、国内最大のオンラインサロン『西野亮廣エンタメ研究所』を運営したり、テレビ東京の『ゴッドタン』という番組で私服を破られたりしています。

たくさんある本の中から、この本を選んでくれてどうもありがとう。必ず満足させるね。

ところで、キミは今、どんな状況にあるだろう？
一歩踏み出せずに震えているのか、
踏み出したものの、村八分に遭っているのか、
はたまた、やりたいことが見つかっていないのか。
まぁ、きっと、そんなところじゃないかな。

分かるよ。よく、分かる。
これだけ目まぐるしい速さでルールが変更されてしまう時代だ。
昨日までの常識が今日の非常識になっていることなんてザラにあ

るし、昨日までの非常識が、今日の常識になることもある。

2013年の1月にニューヨークでの個展開催費用をクラウドファンディングで集めた時は、〝乞食行為〟だと叩かれたけど、間もなくクラウドファンディングは資金調達の選択肢の一つとなった。

2017年の1月に絵本『えんとつ町のプペル』(幻冬舎)をネットで全ページ無料公開した時は、日本中から「非常識」だと叩かれたけど、その半年後には『書籍の無料公開』は出版業界の広告戦略の常識となった。

時代はいとも簡単に掌を返し、悪びれることもない。

そして、過去の常識にしがみつきすぎた人間を容赦なく斬り捨てていく。

実に薄情で、正直だ。

世界のルールは今日も書き変えられて、おかげで、学校で貰ったコンパス（羅針盤）はグルグル回り続けて、いつまでたってもボクらが進むべき道を指さない。

「一体、どこに向かって走ればいいんだ？」

不安で震えて当然だし、キミのルールと世間のルールをすり合わせることができないことがあって当然だし、やりたいことがなかなか見つからなくて当然だと思う。

キミは何も間違っちゃいない。

さて。

『魔法のコンパス　道なき道の歩き方』という本を出させていただいたのは、今から3年前。

今回は、その『魔法のコンパス』の〝文庫版〟なんだけど、この3年で時代は大きく変わったので、3年前の内容を〝焼き直し〟しただけでは、とても間に合わない。

というか、どうだろう？

今後もこのハイペースで時代がルールチェンジを繰り返すのならば、「どれだけ時代が変わっても変わらない普遍的なルール」を頭に入れておいたほうが、次のルールチェンジに柔軟に対応できるんじゃないかな？

というわけで今回は、内容をまるっきり書き直して、まったく別の一冊としてお届けしようと思う。

お届けする内容は、「新しいルール」と「普遍的なルール」について。

つまり、「時代の歩き方」について。

新しいテクノロジーや、新しい文化について、キミが今、嫌悪感を抱いているいくつかの事柄があるよね？

それについてキミは徹底的に調べたかな？

おそらく、ほとんどの場合で調べていないと思う。

徹底的に調べる前に、「なんか、よく分からないけど、怪しい」と結論を出してしまったことが、これまで何度かあるんじゃないかな？


いいかい？

ボクたち人間は〝知らないものを嫌う性質〟を持っている。

キミが未来を知ろうとしない限り、キミは未来を嫌い続け、キミは未来を迎えることができない。

これが普遍的なルールの一つだ。

「なんか、よく分からないけど、怪しい」と蓋をしてしまったモノの中に、キミの未来が眠っている。

そこにキミの人生を豊かにする選択肢が眠っている。

「知ること」から逃げちゃダメだ。

キミが持たなきゃいけないのは学校で貰ったコンパスじゃない。

どれだけ地図が描き変えられようとも、キミの行き先を指してくれる『魔法のコンパス』だ。

今からプレゼントするよ。

目次

第1章

お金

クラウドファンディングの実績

支援総額

2億4977万431円

支援者総数

1万8618名

挑戦を続ける為には「お金の問題」を解き続けなければならない。

挑戦を続ける為には、キミは、「キミの挑戦を阻む問題」を把握しておく必要がある。
キミの挑戦を阻む問題は二つ。
そのうちの一つが、『お金』だ。

たとえばキミが念願のケーキ屋さんを開いたとする。
その店でキミがどれだけ頑張ろうが、店の家賃が払えなくなった瞬間に、キミの挑戦は強制的に終わらされてしまう。

ボクだってそうだ。
「お笑い芸人」をやっているけど、生活費が捻出できなくなった瞬間に、子供の頃から追いかけ続けてきた「お笑い芸人」の夢は強制的に終わらされてしまう。

挑戦を続ける為には『お金』の問題を解き続けなきゃいけないんだ。ところが残念ながら、学校では、この問題の解き方を教えてもらえない。

教えてもらえないどころか、『お金』について考え、議論することが、下品で、卑しい行為のように扱われてしまう。

おかげでボクらは、お金音痴のまま社会に放り出されて、「挑戦が成功する確率が低い身体」を引きずって、今日を生きている。

このままじゃマズイよね？
キミには守らなきゃいけないものがあるハズだ。
というわけで、まずは、『お金』の話から始めるね。

まとめ

挑戦を続ける為には、
『お金』の問題から逃げちゃいけないよ。

お金は「他者に提供した
労働の対価」ではなく、
「他者に提供した
価値の対価」だ。

「仕事量と給料が見合ってない」という不満をよく耳にするんだけど、キミはどうかな？

そりゃまぁ、どうせ働くなら、なるべく多くの給料を貰いたいよね。

そう考えるなら尚のこと、押さえておかなきゃいけないルールがある。

これだ。

お金は「他者に提供した『価値』の対価」

お金というのは、他者に提供した『労働』の対価じゃなくて、他者に提供した『価値』の対価なんだ。

……ちょっと難しい表現になっちゃってるね。

でも、これは、すご～く大事な話なので、頑張って耳を傾けてください。

たとえばキミが「おむすび」を握ったとする。

その「おむすび」を、お腹いっぱいの人に売るのと、お腹ペコペコの人に売るのとでは、「提供した労働量」は一緒なのに、「おむすび」一個あたりの値段が変わってくる。

理由は、「提供した価値」が違うからだ。

お腹いっぱいの人は30円でも買ってくれないけど、お腹がペコペコで今にも死にそうな人は1000円でも買ってくれる。

これは、なんとなく分かるよね?

山の上で売っている缶ジュースは、どうして高いの?

山の上で売っている缶ジュースって、やたら値段が高いけど、その理由について考えたことがあるかな?

よく言われるのは、「缶ジュースを山の上まで運ぶコスト(人件費)がかかっているから」なんだけど……でも、ちょっと待って。

じゃあ、たとえば、今後、ドローンが自動で山の上まで缶ジュースを運んでくれるようになって、そこに「運ぶコスト（人件費）」がかからなくなったら、山の上の缶ジュースは安くなるのかな？

答えは「安くならない」。

山の上の缶ジュースは高いままだ。

だって、お客さんは、地上にいる時よりも、汗を流して山を登った後のほうがジュースを欲しているから。

つまり、「山の上の缶ジュースは高くしても売れるから高い」というわけだ。

分かるよね？

山の上で売られている缶ジュースは、「提供した労働」で高くなっているわけじゃなくて、「提供した価値」で高くなっているんだ。とにもかくにも「価値」なんです。かーち！

こんな感じで、キミのもとに入ってくるお金というのは、「提供した労働」ではなく、「提供した価値」によって、増えたり減ったりする。

もし、キミがキミの給料に不満を覚えた時は、職場環境を疑うと同時に、他者に対して「価値」を提供できているかどうかも一緒に疑ったほうがいいよ。

お腹いっぱいの人に「おむすび」を握っている場合がある。

「お金が欲しければ苦労しろ」は言っちゃダメ

ボクの友人で自分の一日を50円で売り続けている「何でも屋」のホームレスがいる。

男の名前は「ホームレス小谷」。

人生の時間のほとんどを格安で他人に捧げるもんだから、おかげで「金」も「名誉」も持ち合わせていないけど、ただ一つ、「他人からの信用」だけはたらふく持ち合わせていた。

今から6年前。

そんなホームレスが、クラウドファンディング（※インターネット上で企画をプレゼンして、支援を集める仕組み）を使って、自分の結婚式の開催費用を集めたことがあった。

これまで50円で彼を買った人達が、「あの小谷さんが結婚するのなら」と次々に支援を贈り、たったの３週間で「２５０万円」というお金が集まった。

すごいよね。

なかなか夢のある話だと思うんだけど、これに対して、まったく関係性が無いサラリーマンの方から「楽をするな。他人からお金をもらうな。結婚式は自分で汗水垂らして稼いだお金でやれ！」と物言いがついた。

批判の声をあげたサラリーマンは、「お金＝提供した労働の対価」という考えで……もっと言うと、「お金＝我慢の対価」という考えを持っていて、汗水を流さずにお金を手に入れることは『悪』としていたんだ。

お金教育を受けてこなかった多くの日本人は、往々にして、「お金＝我慢の対価」というマインドに陥っている。「洗脳されている」と言ったほうが近いかな。

このサラリーマンが言う「楽をするな。他人からお金をもらうな。結婚式は自分で汗水垂らして稼いだお金でやれ！」という発言を要約すると、

「お金が欲しければ労働量を増やせ」

なんだけど、お金の本質は、そこじゃない。

ボクはとても優しい男なので、「他人からお金をもらうなー！」という批判に対して、「……てことは、あなたの結婚式では御祝儀を受け取っていないんですね？」というトドメは刺さなかったよ。

議論をする時は、相手の逃げ道を作ってあげることが大切だ。

繰り返し言うけど、お金というのは「提供した労働の対価」ではなくて、「提供した価値の対価」だ。

ホームレス小谷の結婚式を支援した人達は、日頃、他人の為に生きている彼から十分すぎる価値を頂いている。

汗水を流して働くことは美しい。

決して否定することではない。

だけれど、「労働量」と「収入」は必ずしも比例関係にあるわけじゃない。

ここは押さえておこう。

まとめ

☑ お金とは、「提供した労働の対価」ではなくて、「提供した価値の対価」。

☑ 「お金が欲しければ苦労しろ！」は言っちゃダメ！

☑ 議論をする時は、相手の逃げ道を作ってあげよう。

キミがお金を稼ぐと、みんなの富が増える。

ボクたち日本人は「お金」の教育を一切受けてこなかったから、お金に関する知識が乏しい。

いや、絶望的に乏しい。もうホント、終わってる。

唯一、お金に関する情報をボクらに提供してくれるのは「テレビ」なんだけど、しかし「テレビ」から流れてくるのは、詐欺やら脱税やら、なんだか悪いことをしてお金を儲けている事件ばっかり。

おかげで、ボクらはすっかり「お金儲け＝悪いこと」という印象を持っちゃった。

質素倹約こそが日本人の美徳で、今日も「お金を稼いでいる人」が叩かれて、お金を稼ぐことは下品で、卑しい行為となっている。

たしかに、テレビで取り上げられる成金って、やたらと札束をチラつかせるし、下品だし、ファッションから自宅の内装から、地獄的にダサイもんね。

ああいう人間にはなりたくない。

ただ、そこはキチンと分けて考えなくちゃいけなくて、下品なのは「その人」であって、「お金を稼ぐ」という行為じゃない。

と言っても、「お金を稼ぐ=汚い」とすでに思い込んじゃっていたら、「分けて考えろ」と言われても、ちょっと難しいよね。

まずは、「お金稼ぎ」のネガティブなイメージを取り払うことから始めたほうが良さそうだ。

お金を稼ぐことって、良いことなの？ 悪いことなの？

たとえば、この星にボクとキミしかいないとする。

ボクは「1万円」を持っていて、キミは1円も持っていない。

この段階では、この星の富は「1万円」だ。

そして、ある日。

「1万円」が欲しくなったキミは「1万円分の価値がある洋服」を作る。

ボクが、その洋服を「1万円」で買う。

すると、キミの手元には「1万円」があって、ボクの手元には「1万円分の価値がある洋服」がある。

こうして、キミが「1万円」を稼いでくれたおかげで、この星の富は「2万円」に増え、この星は豊かになった。

ちょっと見えてきたかな？

「お金を稼ぐ」という行為は、このように「誰かから富を奪う」ということじゃなくて、「みんなの富を増やす」ということなんだ。

ここで、あらためてキミに聞きたいんだけど、お金を稼ぐことは汚いことかな？

別の言葉で、もう一度聞き直そうか。

たくさんの人を豊かにすることは汚いことかな？

まとめ

☑ 成金が下品なのは「人」であって、「お金を稼ぐ」行為ではない。

☑ 「お金を稼ぐ」というのは「誰かから富を奪う」ということでなく、「みんなの富を増やす」ということ。

キミの収入を
増やすには、
キミの希少価値を
上げるしかない。

「収入の増やし方」についての話をするね。

これは教育改革実践家の藤原和博さんから教えていただいて、ボクが、ここ数年で最も感銘を受けた話。

詳しくは『藤原和博の必ず食える1％の人になる方法』（東洋経済新報社）を読んでみて。

とっても面白い本なのでオススメです。

人から聞いた話を我が物顔で語れるのがボクの凄いところだ。

そもそも、収入が高い人と低い人の違いは何？

世の中には、給料の安い人と、給料の高い人がいる。

その分かれ目は何だと思う？

「仕事の大変さ」かな？

いやいや。

仕事の大変さでいうと、深夜のコンビニのアルバイトや、真冬の警備員なんて、メチャクチャ大変だ。

でも、いわゆる「高給取り」じゃない。

「技術力」かな？

たしかに一つの分野の中で考えれば、技術力が高いほうが給料も上がりそうなものだけど、「スーパーのレジ打ちの技術と、野球選手の送りバントの技術はどっちが上？」なんて比べられないよね？

どうやら「技術力が高ければ、給料が高い」とは言い切れなそうだ。

答えを言っちゃうと、収入の大きさを決めているのは、「大変さ」でも「技術力」でもない。


「希少価値」だ。


キミの収入を増やすには、キミの「希少価値」を高める必要がある。

キミが「100人に一人の人材」になるか、「100万人に一人の人材」になるかで、キミの収入は変わってくる。

当然、替えが効かない人材になったほうが収入は増える。

コンビニのアルバイトさんよりも、ホリエモンのほうが収入が多い理由はそこ。

早い話、収入を増やしたければ、キミが「100万人に一人」の人材になっちゃえばいいんだけど、「100万人に一人」というのは、確率でいうと「オリンピックのメダリスト級」で、そこに辿りつくのは、なかなかどうして難しい。

でも、大丈夫。

キミが「100万人に一人」の人材になる方法は、ある。

これから、お話しするね。

☑

まとめ

収入を増やしたかったら、
キミの「希少価値」を上げよう。

「職業の掛け合わせ」で
キミの希少価値を上げろ。

『1万時間の法則』という法則があるんだけど、これがなかなか面白い。

内容をザックリ説明すると、「一つの分野に『1万時間』費やせば、100人に一人の人材になれますよー」って話。あくまで目安ね。

1万時間というと、毎日9時間頑張って……3年くらいかな。

たとえばキミが3年間毎日9時間「お笑い」の学習を続けていれば、キミは「100人に一人」の人材にはなれる。

ただ、厳しい話、「100人に一人」って、そこまで大したことじゃないんだよね。

吉本興業には現在6000人の芸人が在籍しているんだけど、皆、お笑いに1万時間を費やした「100人に一人」の人材ばかりなんだもん。

そして、多くの芸人がこの中で競争を始める。

だけど、この中での勝敗は、自分の中のプライドや、自分の半径30メートル以内の人達の評判には反映されるけれど、収入には、それほど反映されない。

希少価値がそれほど上がらないからだ。

もちろん「100人に一人」の人が集まった集団のトップになれば希少価値も上がるけど、「100人に一人」の人はそれなりのレベルに達している人なので、その中で勝ち上がっていくことは極めて難しい。

事実、吉本興業の芸人で、「お笑い」だけで食えているのは、1割にも満たない。

残り9割は、アルバイトで食いつないでいるのが現状だ。

一つの分野で戦い続ける（専業）という選択は、『希少価値を上げにくい争いに参加している』と考えたほうがいい。


じゃあ、どうやって効率良く「希少価値」を上げるの？


キミの希少価値を効率良く上げる方法がある。

たとえば、キミが最初に1万時間を費やしたポイントを『A』とする。

キングコング西野の場合だと『A』は「お笑い」だね。

『A』に1万時間を投下して、「100人に一人」の人材になったならば、次は、まったく違う分野『B』に乗りこんで、そこで1万時間を費やす。

『B』でも「100人に一人」の人材になるわけだ。

キングコング西野の場合だと『B』は「絵本」かな。

この『A』と『B』の両方を兼ねている人間は、「100人に一人×100人に一人」なので、1万人に一人。

この瞬間に希少価値が一気に上がる。
漫才ができる絵本作家は「1万人に一人」しかいないわけだ。
絵本業界の話を面白おかしく語れる人材も「1万人に一人」。
今、日本で「芸人×絵本」の仕事は、大体「キングコング西野」に転がってくる。
分かるよね？

ここでのポイントは、『A』と『B』は、なるべく離しておくこと。
『A』と『B』を結ぶ線上が仕事の需要だから、たとえば『サッカー』に1万時間を費やして、『フットサル』に1万時間を費やしても、細かく見れば、「1万人に一人」の人材には違いないけど、仕事の幅は狭い。

目安としては「○○のクセに」と揶揄されるぐらいが丁度イイ。

「芸人のクセに絵本を描きやがって……」

「タクシードライバーのクセに英会話講師をしやがって……」

こんな感じで、掛け合わせる職業はなるべく離しておいたほうがいい。

「移動中に英会話レッスンができる個人タクシー」なんてメチャクチャ重宝されると思うよ。

さて、本題はココからだ。

まとめ

☑「100人に一人」の人材は大したことじゃない。

☑一つのジャンルで戦い続ける「専業」は希少価値を上げにくい争いに参加している。

☑掛け合わせる職業はなるべく離しておいたほうがいい。

自分の「信用面積」を拡げろ。

『A』に1万時間を投下し、『B』に1万時間を投下して、キミが「1万人に一人」の人材になったら、次は、まったく別の分野の『C』に乗り出して、今度は、そこに1万時間を投下してみよう。

『C』でも「100人に一人」の人材になるんだ。

キングコング西野の場合だと『C』は「オンラインサロンオーナー」だね。

『A』と『B』と『C』の三つを押さえた人間は、「1/100×1/100×1/100」なので、「100万人に一人」となる。

『A』に3万時間を費やすのなら、『A』『B』『C』にそれぞれ1万時間ずつ費やしたほうが希少価値を上げやすい。

信用の三角形を作れ

さて。

『A』『B』『C』の三点を結ぶと、三角形ができるよね？

さっきまでは『A』と『B』を結ぶ〝線上〟が「需要」だったけど、今度は『A』と『B』と『C』を結んだ三角形の〝面積〟がキミの「需要」になり、仕事の幅は一気に広がる。

ちなみに。

キングコング西野が、つい最近、TOYOTAさんから頂いたお仕事の依頼内容は、「『新型クラウン』のラッピングカーのデザインを、絵本作家でもある西野さんに、西野さんが運営する2万人を超えるオンラインサロン『西野亮廣エンタメ研究所』のメンバーと共に作り上げて欲しい」といったもの。

TOYOTAさんが純粋に「デザイン」だけを求めていれば、キングコング西野ではなくて、プロのデザイナーにオファーを出したはずだ。

プロのデザイナーではなく、「2万人を超えるオンラインサロンを運営しているキングコング西野」にオファーを出した理由は「デザイン」ではなく、「デザイン＋広告効果」に期待を持たれたからだろう。

ボクが「芸人」一本で活動していたり、「絵本作家」一本で活動していたら、この仕事は舞い込んでこなかった。

ボクは時々、テレビ東京の『ゴッドタン』という番組で、書籍やオンラインサロンのことを紹介されて、「先生扱い」された後に、私服を破られたり、髪を切られたり、陰毛を抜かれたり、肛門に指を突っ込まれたりしているんだけど（なんだ、この仕事！）、これも同じ理屈だね。

『A（芸人）』と『B（絵本作家）』と『C（オンラインサロンオーナー）』の三つの仕事を掛け合わせて、「面積」を作ったから舞い込んできたお仕事だ。

この三角形の〝面積〟のことを「クレジット（信用）」と呼ぶんだけれど、当然、クレジットが大きければ大きいほど、その分、需要が増える。

収入を増やすには、このクレジットを大きくすればいいわけだ。

職業の掛け合わせで

「クレジット」を大きくしたら、次は……

でね。

たとえば、キミが手に入れた『A』と『B』と『C』を結んだクレジットの大きさが「一年365日、毎日のように需要に応え続けたら、1000万円のお金がキミのもとに入ってくる」というサイズになったとするじゃない？

その時、そこで、キミが更に収入を増やしたければ、そのクレジットをフルに使って1000万円のお金を生むのではなく、お金にするのは700万円程度に抑えておく。

すると「残りの300万円を生むハズだった時間」がキミに生まれるよね？

その時間を使って、まったく違う分野の『D』に乗り出す。

[クレジットの面積]

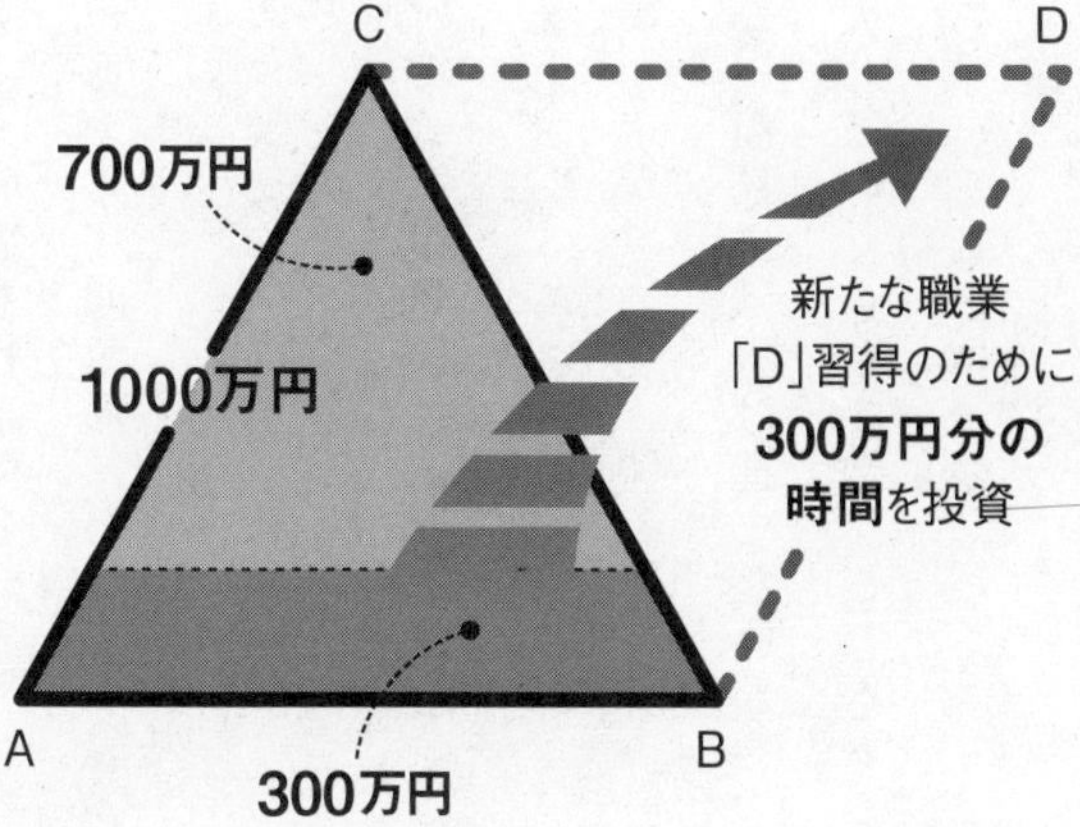

そして、『D』にも1万時間を投下する。

クレジットは三角形から、四角形になり、クレジットのサイズは一気に大きくなる。

キミは「1/100万×1/100」の人材となる。

複数の職業を掛け持つ「複業家」になることで、お金を生む力がグンと膨れ上がるわけだ。


もちろん、こんなに簡単には事は進まない。

クレジットを拡大していく途中で躓くこともあると思う。

ただ、この話から学べることは一つ。

収入を増やすということは、クレジット……つまり『信用の面積』

を大きくするということだ。

実例を挙げるね。

たとえば、ビートたけしサン。

彼の活動を分解すると、『A＝漫才師』『B＝TVタレント』『C＝映画監督』。

たけしサンにも、その昔、「芸人のクセに映画監督をやりやがって！」と批判された時代があったんだけど、その瞬間、彼のクレジットが膨れ上がったんだよ。

まとめ

☑ **3万時間を一つの職業に使うんじゃなくて、三つの職業に1万時間ずつ使うほうが希少価値を上げやすい。**

☑ **収入を増やすということは、「信用の面積」を大きくすること。**

本業を収入源にするな。

職業の掛け合わせの話をしたので、ここらで「本業」について一緒に考えたいと思う。

キミは「本業」について真剣に考えたことがあるかな？

「本業」って、なんだろう？

多くの人は、「本業＝メイン収入」「副業＝サブ収入」みたいな感じで決着をつけているけど、キミはどうだ？

もしキミがこの感じで「本業」と「副業」を捉えていると、この先、結構厳しい戦いになってくると思うよ。

どういうことか説明するね。

西野亮廣の本って、そこそこ売れているらしいけど、印税は何に使っているの?


生々しい話になってくるけど、腹を割って話すよ。

たとえばボクは、こうして作家の顔も持っている。

作家のメイン収入といえば「印税」で、印税の相場は、大体売り上げの10%ぐらいかな。

1500円の本が1冊売れたら、150円が作家に入る。

ボクは、これまで、絵本やビジネス書を数冊出させてもらっていて、累計発行部数が100万部を突破しているので、けっこう売れっ子の作家さんだ。

印税もたくさん貰っているに違いない。

ところがボクの銀行の口座には、本の印税は残っていない。

理由は、頂いた印税を「新刊の広告費」に充てているからだ。

ちなみに、71~72ページは毎日新聞の一面なんだけど、出版社が買ったわけじゃなくて、ボク個人で買ったんだ。

新宿駅の巨大看板（73ページ上）も、『ゆりかもめ』を新刊の広告でジャックしたのも（同下）、ボク個人に入る印税を使って、広告枠を買っている。

2016年10月に毎日新聞朝刊に出した
絵本『えんとつ町のプペル』の広告

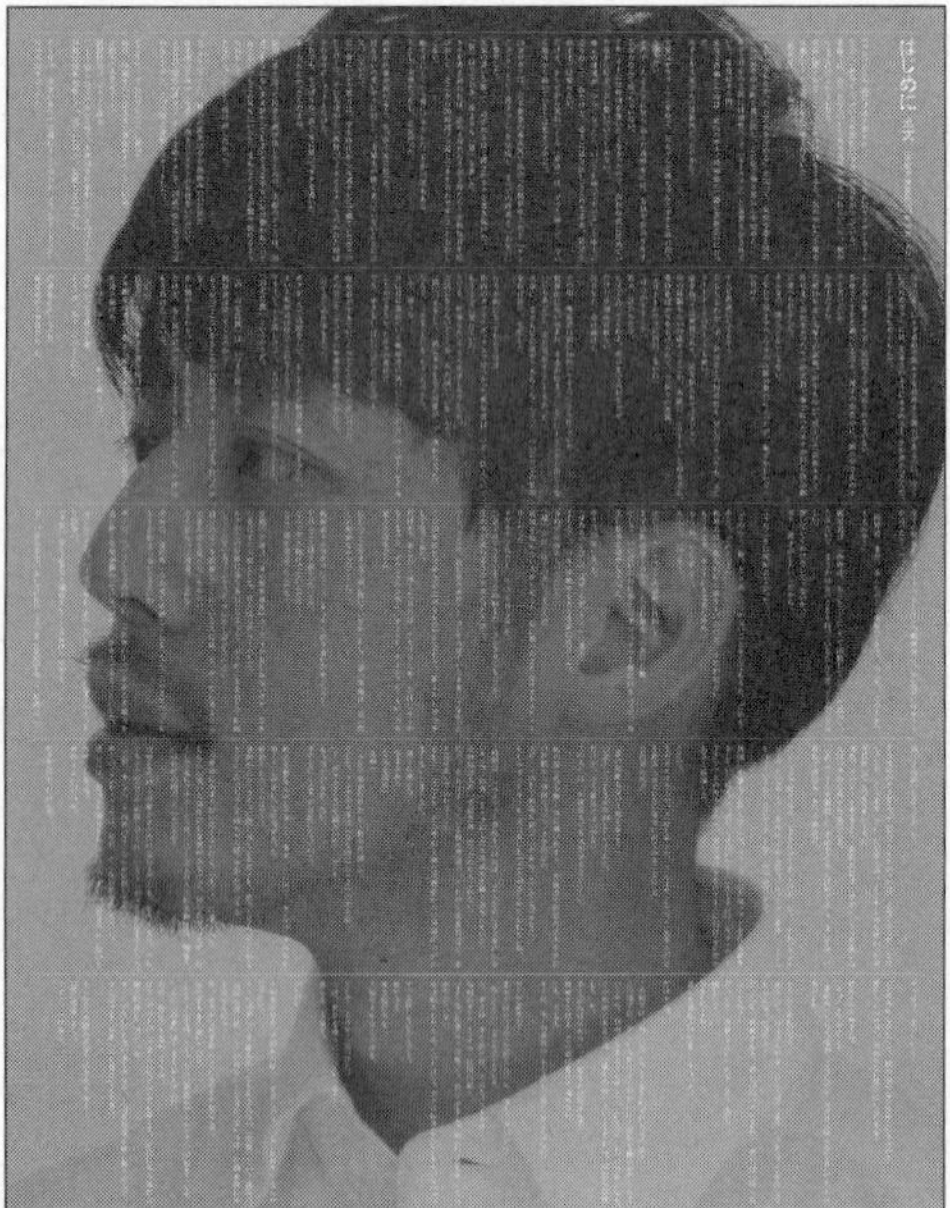

ビジネス書『新世界』発売日、
2018年11月16日の毎日新聞朝刊に出した広告

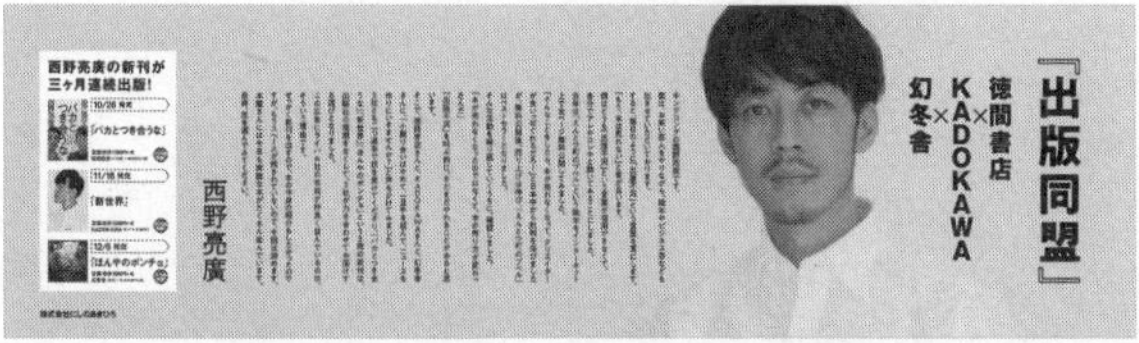

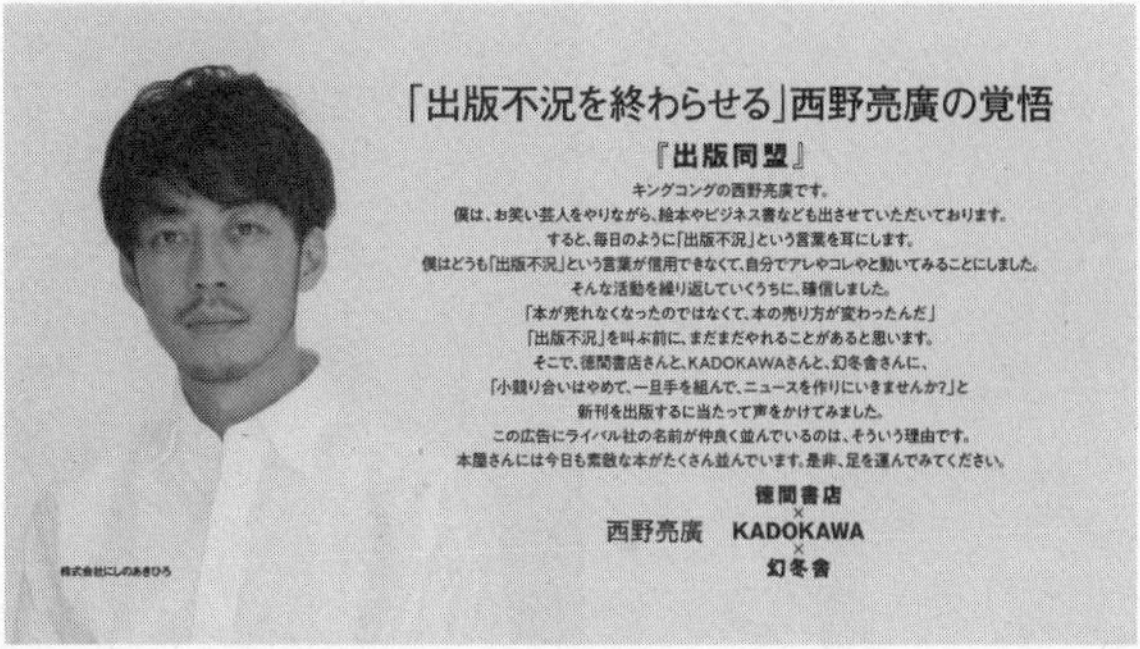

上はＪＲ新宿駅構内に2018年11月19日より掲出した
特大パネル広告
下は2018年11月21日より、ゆりかもめ１編成を
ジャックした車内広告の一部

当然、この調子でお金を使っていると、本の印税なんて跡形もなく消し飛ぶ。

ワケが分からないよね。

キングコング西野ときたら、そこそこベストセラーを出しているのに、印税を1円も受け取ろうとしないんだ。

キングコング西野は、どうして、こんなバカなことをしているんだろう?

そのカラクリは、ボクが運営しているオンラインサロン『西野亮廣エンタメ研究所』にある。

そもそも「オンラインサロン」って何？

ここで、あらためてオンラインサロン『西野亮廣エンタメ研究所』の説明をさせていただくね。

オンラインサロン『西野亮廣エンタメ研究所』は月額1000円の会員制コミュニティーで、絵本やWEBサービスや美術館など、ボクが世の中に発信しているエンターテイメントは、全て、ここから生まれている。

絵本最新刊『チックタック～約束の時計台～』（幻冬舎）も、TOYOTAさんのラッピングカーのデザインも、ここから生まれた。

ちなみに現在、『西野亮廣エンタメ研究所』のメンバーは2万30

00人で、国内最大。
単純計算すると年間で2億7600万円の売り上げ。
すごい額だよね。

キングコング西野が使う年間2億7600万円の予算の行方

誤解が生じないように、ボクの目的を明確にしておく。
ボクは貯金や贅沢の類には一切興味がない。
パフォーマンスじゃなくて、本当に興味がないんだ。
コンビニの蕎麦と缶ハイボールで毎日を過ごしていて、それだけで十分幸せ。

生活は質素そのもので、その時、お付き合いしている女の子からは結構ガッカリされるよ。

ボクの目的は「誰も見たことがないエンターテイメントを作ること」これに尽きる。

よって、年間2億7600万円というオンラインサロンの売り上げは全額エンターテイメントにブチ込んでいるんだ。

現在建設中の美術館の建設費もここから出ている。

まあ、ぶっちゃけ、「税金」でかなり持っていかれるんだけど、ちょっと計算が複雑になっちゃうので、ここでは「税金」を抜きにして話をさせてもらうね。

「印税」と「オンラインサロンの売り上げ」は、どっちが大きい？

たとえば1500円の本の印税で、2億7600万円の予算を用意しようと思ったら、毎年コンスタントに184万部のミリオンセラーを出し続けなきゃいけない計算になる。

さすがに、ちょっと現実味がないよね。

そこで、本の印税を全て「広告費」に回して、一人でも多くの人に本を届け、そしてオンラインサロンメンバーを増やすことにしてみた。

当然、本の内容もオンラインサロンに興味を持ってもらえるようにする。

こうすることで、ボクがエンタメに投資できる額は大きくなる。

もう一度、言うね。

ボクの目的は「誰も見たことのないエンターテイメントを作ること」だ。そのエンターテイメントを作るのには多くの予算が必要になってくる。

となると、目的に対して正しいアプローチは、「本の印税を頂くこと」ではなくて、「オンラインサロンのメンバーを増やすこと」となる。

作家として生きているわけだけれど、収入源を本業でも何でもない「オンラインサロン」に置いていて、「本業＝メイン収入」とは、していないんだよ。

これ、結構大事な話なので、もう少し続けるね。

まとめ

☑ **本業を主な収入源にすると、今後結構厳しい。**

☑ **キンコン西野の目的は、「誰も見たことがないエンターテイメント」を作ること。**

☑ **キンコン西野の生活は質素そのもので、その時付き合っている女の子にガッカリされる。**

メインの収入源を別に用意して、ライバルと差をつけろ。

「ノベルティー」って知ってる?

あまり聞きなじみのない言葉だよね。

ザックリ説明すると、企業が自社商品の宣伝を目的として、それらの名称を入れて無料配布する記念品のこと。

ラジオのリスナープレゼントで貰える番組のタイトルロゴが入ったステッカーがあるじゃない?

あれが「ノベルティー」だね。

あのステッカーは、パソコンに貼ってもらったり、車に貼ってもらうことを目的としていて、ステッカーを見る度にラジオのことを思い出してもらって、番組の試聴に繋げているわけだ。

あのステッカーは番組の「宣伝装置」なんだよ。

起業家さん達が出しているビジネス書も、それ。

自社のサービスに繋がるようなビジネス書を書き、その本の印税を全て「広告費」に回し、一人でも多くの人に本を読んでもらい、自社の顧客獲得に繋げている。

厳密に言うとビジネス書を無料配布しているわけではないので、「ノベルティー」とは言い切れないんだけど、起業家は皆「無料配布しても構わない」と考えている。

ボクもそうだよ。

事実、ボクの前作『新世界』（KADOKAWA）はネットで全ページ無料公開している。

印税が目的ではなく、「認知を拡げて、顧客を増やすこと」が目的だからだ。

「作家」と「ノベルティー作家」

ボクやビジネス書を書く起業家さん達は『作家』ではなく、『ノベルティー作家』と言える。

世の中には本の印税で生きている『作家』と、自社のサービスを書いた本の印税を宣伝費に回して、自社のサービスのお客さんを増やしている『ノベルティー作家』がいる。

こうなってくると、「本業＝メイン収入」としてしまっている『作家』さんは、かなり分が悪い。

（※作品の内容は個人の好みなので、それは一旦横に置いておいて、ここでは収入面の話）

別に収入源を持っている『ノベルティー作家』は、印税から、自身の作品に「広告費」を出すことができる。

印税が収入源になっている『作家』は、自身の作品に「広告費」を出すことができない。

当然、世の中に広まりやすいのは、『ノベルティー作家』の作品だ。

皮肉にも、ここが、本業をメイン収入にしている人間の弱点となるわけだ。

収入源をどこに置くか？

これは何も作家さんに限った話じゃないよ。

たとえば、テレビギャラをメインの収入源にした『テレビに出なきゃ食っていけないタレント』と、「○○の宣伝になるのであればテレビギャラなんて1円も要らないですよ」と言えちゃう『テレビに出なくても食っていけるタレント』は、どっちが強いかな？

「より良い条件でテレビに出られるのはどっちか？」を考えると、おのずと答えは出てくる。

もうキミの中で答えは出てるよね？
キミの収入源はどこだ？
キミの目的に対して、キミの収入源は今の場所で合っているか？

☑ まとめ

「本業＝メイン収入」という考えを捨てて、キミの「目的」に合わせて「メイン収入」をどこに置くかを考えよう。

キミの過ちは
「努力不足」ではなく、
「システムエラー」だ。

働き方には三つの選択肢がある。

『専業』か『兼業』か『複業』のどれかだ。

キミの人生は、どこまでいってもキミのものだから、職業を一つに絞る「専業家」になるべきか、メインの職業とサブの職業を持つ「兼業家」になるべきか、それとも複数の職業を掛け持つ「複業家」になるべきか、その答えを決めるのはキミ自身だ。

キミの人生の責任を取ることができないキミ以外の人間が、キミの決断に口を挟むべきではないとボクは考えている。

ただ、もしアドバイスを求められたら、今の時代なら、ボクは『複業』をオススメするかな。
それはボク自身が、これまで複業の恩恵をたくさん受けてきたからだと思う。

転機となった「25歳」

ボクの人生の転機は忘れもしない。

『はねるのトびら』(フジテレビ系)というレギュラー番組がゴールデンタイムに進出して、日本で一番視聴率をとっていた25歳か26歳の頃(忘れた)。

その頃に限界を見て、テレビから軸足を抜いて、絵本を描き始めた。

ま、その辺の詳しい話は『新世界』という本に書いたので、そっちを読んでね。

さて。

何のアテもなく突然絵本作家になっちゃったわけだけど、絵を描くのが得意だったワケでもないし、出版のノウハウもコネもツテもない。

世界に目を向ければ、同世代で、すでに圧倒的な結果を出している絵本作家もいる。

ここからどうすれば、この糞ド素人が世界中の絵本作家をゴボウ抜きできるか考えるわけだけれど、考えて間もなく、「皆と同じやり方をしてしまうと、とても世界の頂点には辿りつけないな」と結論した。

「位置について、ヨーイ、ドン！」の戦いは早々に捨てて、すでに世界中の絵本作家さんに自分が勝っている部分を探して、そこで戦うことにしたんだ。

とは言っても、こちとら、ど素人だ。

画力も負けているし、出版のノウハウもコネもツテもない。

当たり前の話だけど、素人のボクは、プロの絵本作家さんに負けているところだらけだったんだよね。

でも、ただ一つだけ勝っている部分があった。

『時間』だ。

ここでいう『時間』というのは、「一つの作品にかけることができる制作時間」のことね。

複業家に許された「無限の時間」

プロの作家さんは、その作品の売り上げで生計を立てているので、短いスパンで作品を発表し続けなければいけない。

一方、食うには困らない程度に売れている芸人だったボクは、絵本の売り上げがなくてもギリギリ生きていけるので、極端な話、一つの作品に10年かけることだってできる。

専業家は、一つの作品に制作時間をかけることはできなくて、複業家は、一つの作品に極端な制作時間をかけることができるわけだ。

すぐに文房具屋さんに走って、市販されている中で最も細いボールペンを購入して、絵本のストーリーも、「20ページ」ほどで完結する絵本が多い中、ボクの絵本は「40ページ」。

絵本第３作となる『オルゴールワールド』。
0.03㎜のボールペンによる高精細な絵、
起伏に富んだストーリー展開は業界の常識を打ち破った

つまり、制作時間が「かかるように、かかるように」作り方をデザインしたわけだ。

「この作り方をしてしまったら、3～4年かかっちゃうよね」というコスパの悪い作り方を選んだ。

専業の絵本作家さんには、こういった作品を作ることができない。収入が3～4年止まってしまうことになるからだ。

こうして、ボクは一冊完成させるまでに3年もかかってしまう『えんとつ町のプペル』のような作品を作れる切符を頂いたわけだけれど、それはボクに「才能」や「センス」があったわけじゃなくて、ボクが『複業家』で、収入源を上手く整理して、時間を作れたからだ。

これで第1章も終わるから、そろそろ、まとめるね。

もし、今のキミの挑戦が上手くいっていないのであれば、それはキミの「努力不足」などではなく、キミの仕事のシステムにエラーがある可能性が高い。

たとえば、「制作に3年をかける超大作絵本を作りたいのに、絵本の印税をメイン収入源にしてしまっている」といったシステムのエラー。

この場合、システムを改善しない限り、「超大作絵本を作りたい」という夢は一生叶わない。

お金と真摯に向き合い、
お金の常識を疑い、

キミの目的に対して正しいアプローチをするんだ。

時にそれは「非常識」だと揶揄されてしまうかもしれないけど、キミの人生はキミのものだ。

キミの姿形や、キミが背負い込んでいるものは、他の誰とも違っていて、そもそも世間のルールとピッタリ合うわけがないんだよ。

常識なんて明日には変わるんだから、非常識で結構。

キミのルールで動くんだ。

そのルールに悪意がなければ、少し時間はかかるかもしれないけど、世間は必ずキミを理解してくれるよ。

大丈夫。

まとめ

☑ キミの挑戦が上手くいっていないなら、仕事のシステムに問題がある可能性が高い。

☑ お金と真摯に向き合い、目的に対して正しいアプローチをしよう。

第2章

広告

広告の実績

第86回毎日広告デザイン賞
「広告主参加作品の部」最高賞

2018年11月16日　毎日新聞朝刊掲載
「西野亮廣最新刊『新世界』本日発売」
で2019年4月に受賞

ニュースを出すな。
ニュースになれ。

キミの挑戦を阻む問題は大きく二つ。

一つ目が第1章でもお話しした『お金』。

そして二つ目は『広告』だ。

たとえばキミがケーキ屋さんを開いたら、

「どうすればケーキが売れるんだろう？」

「どうすれば、お客さんが来てくれるんだろう？」

といった『広告の問題』が必ず絡んでくる。

そして、その問題が解けなくなった瞬間に、キミの挑戦は強制的に終わらされてしまう。

ボクだってそう。

本が売れなかったら次回作は出せないし、ライブにお客さんが来てくれなければ、ライブ活動を続けることはできない。

キミが挑戦する以上、キミは「広告」の問題と向き合い続けなきゃいけないんだけど、残念なことに、お客さんは広告を嫌っている。テレビでは番組の合間に挟まれる「CM」が悪者のように扱われるし、キミだってツイッターのタイムラインに流れてくる「告知」は無視しているよね？

この問題を解くのは、なかなか難しい。

まず踏まえておかなきゃいけないことは、テレビCMを打とうが、新聞広告を出そうが、ネット広告を出そうが、「広告効果が無い広告」なんてことはザラにあるから、キミがやらなきゃいけないのは、広告を打つことじゃなくて、〝広告効果のある〟広告を打つことだね。

そして、「3年前は、その広告は効き目があったけど、今も本当に効くの？」と疑い続けることも忘れちゃいけないね。

広告手法は〝腐り〟が早いから、「広告のトレンド」は常に押さえておこう。

それではさっそく始めるね。

ハンドルはお客さんに握らせろ

お客さんがSNSという発信力を持ってしまった今の時代に押さえておかなきゃいけないルールは、意思決定のハンドルをお客さんに握らせること。

広告の場合だと、「ニュースを出すこと」じゃなくて、「ニュースになること」が大切だね。

常に「お客さん」が主語になるように設計することが大切だ。

たとえばキミが『えんとつ町のプペル』の作者だとして、印税の全てを広告費につぎ込むとしたら、どんな広告を出すかな?

第1章でもお話ししたけど、ボクは新聞の一面を〝個人で〟買ってみた（71ページ）。

この広告のターゲットは新聞の読者じゃない。

ターゲットは「西野亮廣が新聞の一面を個人で買った」ということを、ニュースとして取り上げたい人達。

当時、多くの人がこの新聞広告を写真に撮ってSNS上にアップし、ついには、『情報ライブ ミヤネ屋』(日本テレビ系)さんが番組の特集で取り上げてくださり、『えんとつ町のプペル』の名が一気に世間に広まった。

ビジネス書『革命のファンファーレ』(幻冬舎)の時は〝個人で〟JR新宿駅の構内の看板枠を買ってみた。

こちらは、紀伊國屋書店新宿本店さんから一番近い場所にある新宿駅構内の看板枠を買うことで、紀伊國屋書店新宿本店さんに少しでも多くお客さんを誘導することが狙い。

ボクが新刊を出す時は、いつも紀伊國屋書店新宿本店さんが応援してくださるので、その御礼だね。

書店員さんはロボットじゃなくて、人間だ。

感謝の気持ちを伝えることが、書店員さんのモチベーションに繋がることもある。書店員さんに応援してもらうことほど強い広告はないよね。

その為に新宿駅構内の看板を買ったんだ。

ビジネス書『新世界』を出した時は、〝個人で〟新聞の一面を買ったんだけど（72ページ）、同じ手は通用しない。

「個人で新聞の一面を買った」がニュースにならないことは読めていたので、今度は新聞の購読者さんにターゲットを絞って、購読者さんの満足度を極限まで上げるべく、新刊『新世界』のプロローグを全文掲載してみた。

「広告」じゃなくて、「読み物」にしてみたわけだ。

すると、この「読み物」を読んだ人達が次々に感想文をネットにアップしてくださった。

おまけにコチラの広告は毎日新聞社主催の『毎日広告デザイン賞』で最高賞を頂いちゃって、結果、ニュースになった。

これは、まぁ、ラッキーだね。

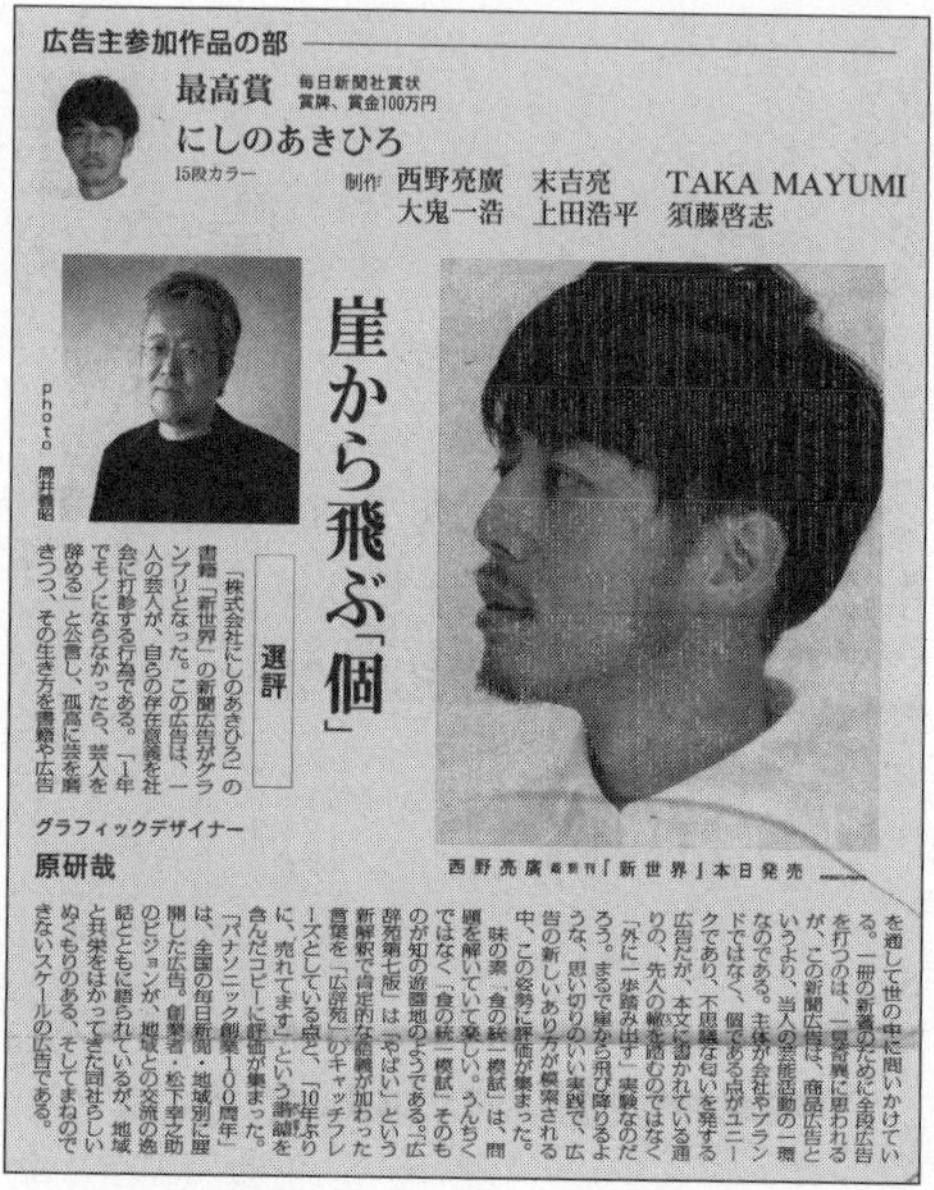

広告主参加作品の部

最高賞 毎日新聞社賞状 賞牌、賞金100万円

にしのあきひろ

15段カラー

制作 西野亮廣 末吉亮 TAKA MAYUMI 大鬼一浩 上田浩平 須藤啓志

崖から飛ぶ「個」

西野亮廣 最新刊「新世界」本日発売

Photo 筒井義昭

選評

グラフィックデザイナー

原研哉

「株式会社にしのあきひろ」の書籍「新世界」の新聞広告がグランプリとなった。この広告は、一人の芸人が、自らの存在意義を社会に打診する行為である。「1年でモノにならなかったら、芸人を辞める」と公言し、孤高に芸を磨きつつ、その生き方を書籍や広告を通して世の中に問いかけている。一冊の新著のために全段広告を打つのは、一見奇異に思われるが、この新聞広告は、商品広告というより、当人の芸能活動の一環なのである。主体が会社やブランドではなく、個である点がユニークであり、不思議な匂いを発する広告だが、本文に書かれている通りの、先人の轍を踏むのではなく「外に一歩踏み出す」実験なのだろう。まるで崖から飛び降りるような、思い切りのいい実践で、広告の新しいあり方が模索される中、この姿勢に評価が集まった。

味の素「食の統一模試」は、問題を解いていて楽しい。うんちくではなく「食の統一模試」そのものが知の遊園地のようである。「広辞苑第七版」は「やばい」という新解釈で肯定的な語義が加わった言葉を「広辞苑」のキャッチフレーズとしている点と、「10年ぶりに、売れてます」という諧謔を含んだコピーに評価が集まった。「パナソニック創業100周年」は、全国の毎日新聞・地域別に展開した広告。創業者・松下幸之助のビジョンが、地域との交流の逸話とともに語られているが、地域と共栄をはかってきた同社らしいぬくもりのある、そしてまねのできないスケールの広告である。

新聞社主催の広告賞で最も長い歴史を持つ
『毎日広告デザイン賞』で最高賞を受賞（2019年４月）

駆け足でザザザッと書いちゃったけど、これらの広告に一貫していることがある。

それは、情報を受け取った人の発信力を使っているということ。

SNS時代は、お客さんが発信力を持っている。

その発信力を使うことが何よりも重要で、ニュースを出すのではなく、ニュースになるように仕掛けるんだ。

これは、この本の冒頭でお話しした「メルカリネイティブ時代」の考え方と同じ。

売られるモノを売るんだよ。

まとめ

☑ **広告は「ニュースを出すこと」じゃなくて「ニュースになること」が大切。**

☑ **SNS時代はお客さんが発信力を持っている。その発信力を使おう。**

積極的に相談をして、
共犯者を作れ。

ニュースを出すのではなくて、ニュースになることが大切だ。

とは言っても、イベントや作品の魅力や、サービスや商品の機能を細かく伝えたいことだってあるよね？

「ココとココを見てー！」というような。

でも、情報だらけの宣伝なんて、誰も見てくれない。

さあ、どうしよう？

そんな時は、この話が少し参考になると思う。

2019年の春にTOYOTAさんから、広告の依頼を頂いた。

依頼内容は、『新型クラウン』のラッピングカーのデザイン。

完成品を表参道ヒルズに展示するらしい。

「表参道ヒルズの前に展示する」という時点で、ＴＯＹＯＴＡさんの目的は分かる。

「新型クラウンを若者にも届けたい」といったところだろう。

もう一つ。

ＴＯＹＯＴＡさんが「キングコング西野」を起用した理由をキチンと定義しておいたほうがいい。

ＴＯＹＯＴＡさんが、「ただただ素晴らしいデザイン」を望んでいるのであれば、そんなのはプロのデザイナーさんにお願いすればいいわけで（プロのデザインのほうが絶対にイイ！）、「キングコング西野」を選んだ理由は「デザイン＋広告効果」だろう。

つまり、この案件は「新型クラウンをデザインすること」ではなく、「新型クラウンの広告をデザインすること」ということが見えてくる。

「新型クラウンの存在を、車に興味がない層に届けてください」というのがTOYOTAさんの本音だ。

なかなか難しい問題で、楽しそうなので、「ボクのやりたいようにやらせてくださるのなら」という条件で、お請けした。

一方通行の広告は「念仏」

話を頂いて、さっそく『新型クラウン』について調べてみたところ、なるほど「燃費」や「走行性能」は勿論のこと、その他にも面白い機能が盛りだくさん。

たとえば、車とインターネットが常時接続しているという未来っぷりで、LINEで『新型クラウン』と会話が出来ちゃったりもするんだ。

でも、この情報を、そもそも車に興味がない層にお届けしたところで、どうだろう？

LINEに自分の車を「友達」として追加し、LINEを通じて、車と会話ができて、ナビの目的地設定、ガソリン残量、目的地の天気、移動予想時間にもとづいたアラームの設定などができる「LINEマイカーアカウント」、音声対話による目的地検索、ニュース、天気などの情報を検索できる「エージェント」、ドライバーの運転を自動診断し、安全な運転度合いに応じて翌月の保険料を割引する「ドライブ診断」、専任のオペレーターがナビの目的地設定やホテル、レストランなどを予約してくれる「オペレーターサービス」が利用できます！

どうだった？
今、キミは、この文章を読むのが嫌になったよね？
まるで念仏のように聞こえたハズだ。
これが「広告効果のない広告」というやつで、これをやっちゃダメ。

でも、商品の魅力は伝えたい。どうする？

そこで。

「世界のTOYOTAから、慣れない仕事の依頼が来て、どうやって広告を仕掛けていくか困っているキングコング西野」をブログで世間に晒してみることにした。

TOYOTAさんがキングコング西野に出した企画書もSNSで全て公開。

企画書には「革新のアーティスト！」「これがやれるのは西野亮廣だけ！」といった〝キングコング西野に期待を寄せるワード〟が盛り沢山。

それによって、余計に追い込まれるキングコング西野。

なんとかTOYOTAさんの期待に応えようとして、クラウンの歴史を探り、クラウンの性能を調べ、まとめあげ、

「今度のクラウンには、◯◯という機能が付いているんだけど、ココをそのまま押し出しても、車に興味がない人には刺さらないよね？ どうしたらいいかな？」

とブログでお客さんに相談をする。

そうすることで、その相談にのっているお客さんは「クラウンには◯◯という機能が付いている」ということを知る。

「広告したいんだけど、どうやって広告すれば広告効果が出るかな？」という広告。

ポイントは、「相談は〝する〟よりも、〝される〟ほうが気持ち良い」という点だ。

自分が必要とされて、嬉しくない人間はいない。

そこで「アドバイス」の一つでも貰ってごらん。

間違いなくその人は、お客さん第一号になる。

自分のアドバイスが反映されているプロジェクトを、見届けずにはいられないだろう？

お客さんは、こうして巻き込むんだよ。

まとめ

☑ **人は相談〝する〟よりも、〝される〟ほうが気持ち良い。**

☑ **悩みを共有することで、人が集まる。**

セカンドクリエイターを
押さえろ。

これまで、世界には「クリエイター（発信者）」と「オーディエンス（受信者）」の二種類の人間しかいなかった。

ステージ上と客席がパッカリ二つに分かれていたわけだ。

ところがSNSが、このルールを大きく破壊した。

「クリエイター」に軸足は置かないまでも、ときどき「クリエイター」として発信する「オーディエンス」が誕生したんだ。

まるで、ラジオのハガキ職人のような。

ハガキ職人は、時間とお金（ハガキ代）を支払って、ときどきクリエイター側に回る。

自分のネタが採用されることで承認欲求を満たし、ついでに仲間内でのポジションも獲得しているわけだ。

ＳＮＳのユーザーもこれと同じ。

普段はサラリーマンやＯＬをやりながらも、隙間時間に発信を繰り返し、『いいね』を貰って承認欲求を満たし、ついでに仲間内でのポジションを獲得する。

彼らは、クリエイターとオーディエンスを行き来している。

彼らのことを『セカンドクリエイター』と呼ぶ。

「セカンドクリエイター」という新興勢力

今、世界には『クリエイター』と『オーディエンス』と『セカンドクリエイター』という三種類の人間がいる。

そして『セカンドクリエイター』の数は、とっくに『クリエイター』を超え、まもなく『オーディエンス』の数も超える。

『セカンドクリエイター』は人類最大派閥だ。

ここのパイが一番大きい。

現代の広告は「セカンドクリエイターをいかに巻き込むか？」にある。

つまり、セカンドクリエイターが参加できる〝余白〟を残しておく必要がある。

[SNS以前]

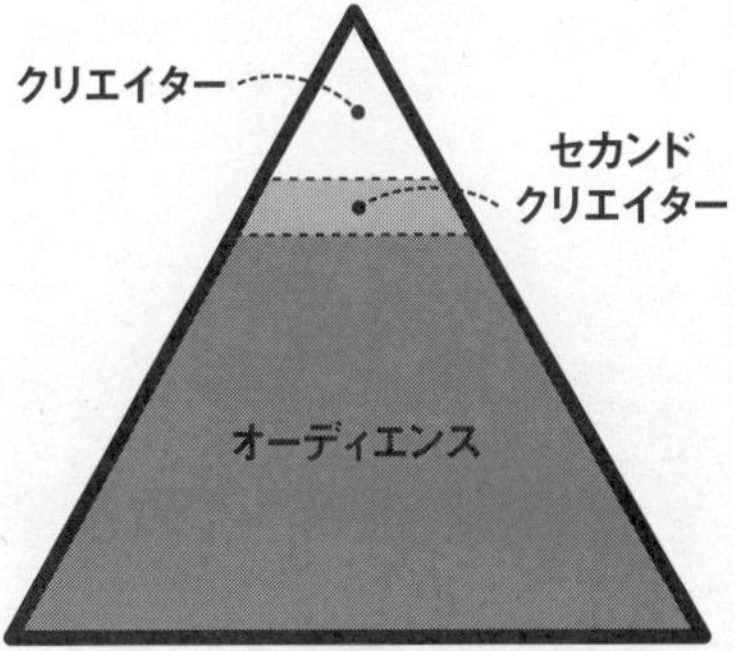

[現在]

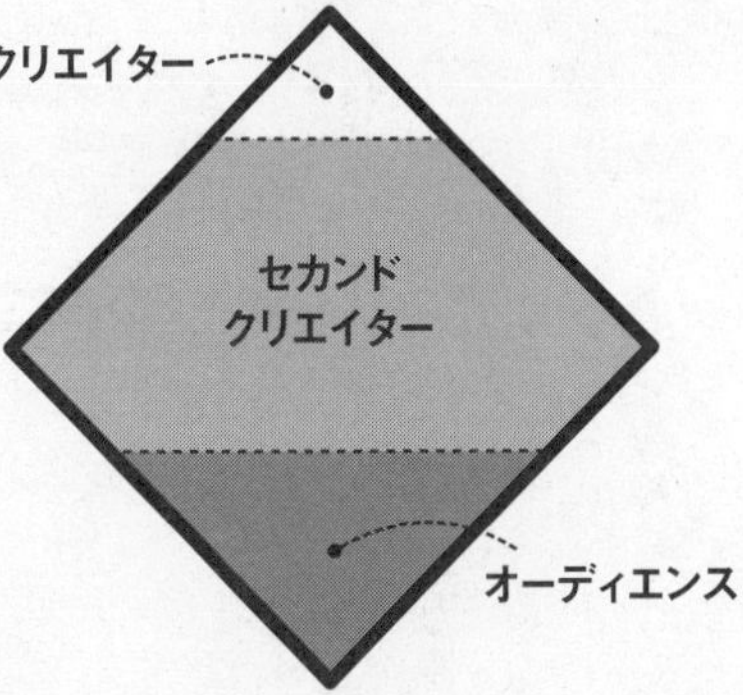

２人で作った本は最低２冊売れる

たとえば、ボクとキミで一冊の本を作ったとしよう。

その本は、最低２冊は売れる。

自分の作品を手元に残しておきたい「ボク」と「キミ」が、それぞれ１冊ずつ買うからだ。

２人で作った本が２冊売れるのであれば、10万人で作れば10万冊売れる。

ボクらはこれまでお客さん（オーディエンス）を増やそうとしてきたけれど、クリエイター（プロジェクトの共犯者）さえ増やしてしまえば、クリエイターはそのままお客さんになる。

そして、今はオンラインサロンやクラウドファンディングを使って、クリエイターを増やすことが可能になった。
「10万人で作る」ということが可能になった。

もう分かるよね。
セカンドクリエイターを狙うんだよ。
彼らが何に興奮し、何で満たされるのかを徹底的に勉強するんだ。
ラジオに喩えるなら、ハガキ職人が参加したくなるようなお題を考えるんだ。

「情報解禁日」は必要か？

「情報解禁日」は世の中に『クリエイター』と『オーディエンス』しかいなかった時代の名残で、そこに込められた意味は「俺らはクリエイターで、お前らはお客さんだから、まだ教えないよ」なので、これだと『セカンドクリエイター』が参加してこない。
若年層の取り込みに失敗しているクリエイターは、大体ここで躓いている。

当時必要だったものが、今の時代に必要だとは限らない。
そのうちの一つが「情報解禁日」かもしれない。

おさらいするね。

今、世界には『クリエイター』と『オーディエンス』と『セカンドクリエイター』がいる。

『オーディエンス』に向けて球を投げちゃダメだよ。そこはもう数が少なくなっているから。

☑ まとめ
現代の広告は、「セカンドクリエイターをいかに巻き込むか？」にかかっている。

集客したければ、「お客さんの一日」をコーディネートしろ。

「集客」の話もしておくね。

お店を出しても、イベントを開催しても、集客できなければ、それらの活動は強制的に終わらされてしまう。

これらの仕事を生業にするのであれば、「集客」の問題を解かなくちゃいけないわけだ。

SNSを使って誰でも宣伝できる時代になったけど、SNSを使って誰でも宣伝しているから、SNSを使った宣伝は飽和状態。

「インスタグラムで毎日発信しても、なかなかお客さんが集まらない」といった悲鳴が、そこかしこから聞こえてくる。

さて、どうしよう？

強いコンテンツを出せば集客できるわけではない

吉本興業は全国に10個近く劇場を持っている。

だけど、一年間を通して安定してお客さんが入っているのは大阪にある『なんばグランド花月』ぐらいで、あとの劇場は、お客さんが入っている日があったり、入っていない日があったり。

お客さんが有名人（強いコンテンツ）に釣られてやってくるのであれば、東京の劇場は常に満席のハズだ。

だって、テレビの人気者達が出ているんだもん。

しかし、東京の劇場が毎日満席ということはない。

どうやら「有名人をブッキングすれば、お客さんが集まる」というわけでもないらしい。

だとしたら、『なんばグランド花月』と他の劇場は、どこで集客力の差が生まれているのだろう？

答えは、「お客さんの一日がコーディネートできているか否か」だ。

お客さんの一日をコーディネートしよう

当たり前の話だけど、大阪にある『なんばグランド花月』に来てもらうには、大阪に来てもらわないといけない。

「なんばグランド花月」の為だけに大阪に来てもらうのは難しいけど、
ＵＳＪに行って、
たこ焼きを食べて、
なんばグランド花月で『吉本新喜劇』を観て、
お好み焼きを食べて、
夜はミナミで呑むことができるのであれば、
「大阪に行こう」となるわけじゃない？

多くの人が大分県の『湯布院』にイイ感じの温泉があることは知っていて、「いつかは行ってみたい」と思っているけど、多くの人が『湯布院』に行ったことがない。

でも、「湯布院で友人の結婚式がある」となったら、前泊して、前々から行ってみたかった湯布院に行く。

答えが見えてきたかな？

お客さんは時間を持て余すことを極端に嫌う。

裏を返せば、参加理由を複数個用意して、時間を持て余さないことを担保してあげれば、参加ハードルがグンと下がる。

以前、こんな実験をしてみた。

一日目は、「ライブのチケット」だけを売り、

二日目は、「ライブのチケット」＋「終演後の交流会の参加チケット」を売ってみたんだ。

すると面白い。

チケットが売れるスピードがまるで違ったんだ。

お客さんが支払う金額は二日目の「ライブ＋交流会」のほうが高いのに、お客さんは問答無用で二日目を選んだ。

『なんばグランド花月』や『湯布院の温泉』も、これと同じ理屈だ。

キミがお店を出す時やイベントを開催する時は、キミのお店やイベントの力だけでお客さんを呼ぶのではなく、

「ここに来たら、前後の時間にこんなコトができますよ」

と案内して、一日をコーディネートしてあげるといいと思うよ。

まとめ

☑ お客さんは「時間を持て余すこと」を極端に嫌う。

☑ 一つのコンテンツでお客さんを呼ぶのではなく、複数のコンテンツが堪能できる「一日」をコーディネートしてあげよう。

人は「確認作業」でしか
動かない。

「集客」の根幹にあるのは「人間は確認作業でしか動かない」という現実だ。

ボクらは、すでに知っているものにしか、反応しないんだ。

旅行先を決める時だってそうだよね。

「20万円を払ってくれれば、とっても素敵な場所に連れてってあげる」という誘いには誰も乗らない。

ボクらは、テレビやネットやパンフレットで、〝一度見た場所〟を旅行先として選ぶ。

『モナリザ』を観る時だってそう。

教科書で『モナリザ』を見たから、「本物を観てみたい」という〝確認作業〟で、ルーヴル美術館に展示されている『モナリザ』を観に行く。

「ルーヴル美術館の奥に、何かよく分からないけど有名な絵があるよ」という誘い文句では、ボクらはルーヴル美術館には行かない。

つまり、ボクらはネタバレしているものにしか足を伸ばさない。

ときどき、「ネットで（無料で）見られたら、会場に来てもらえない」という理由からスマホの撮影やSNSの投稿を禁止しているイベントがあるけど、「集客」のことを考えるとまったく逆だね。

当たるかハズレるか分からない場所には誰も足を運ばない。
人は冒険に憧れて、冒険を避ける生き物だ。
ネタバレを恐れちゃダメだよ。
ネタバレから始まるから。

まとめ

- ☑ **人間は「確認作業」でしか動かない。**
- ☑ **人は冒険に憧れるが、冒険を避ける生き物だ。**
- ☑ **広告は積極的に「ネタバレ」させていこう。**

「インスタ映え」に
含まれているのは
「集客」と、「排除」だ。

「インスタ映え」という言葉が生まれてから、お店の内装をとにかくオシャレにしたがる人が増えた。

「お客さんのインスタに、自分のお店の写真が並べば宣伝になるから」といった広告的な狙いだろう。

気持ちは分かるけど、それが「集客」に繋がるかどうかは、時と場合による。


何かにつけて、「オシャレ」を追い求めてしまうボクらだけど、たとえば、店内をオシャレにしすぎたり、ホームページをオシャレにしすぎたり、ポスターをオシャレにしすぎたりしてしまうと、「私なんかが中に入っても大丈夫なのだろうか？　笑われないだろうか？」

という、『自分のセンスに自信がない人』を不安にさせてしまうということを忘れちゃいけない。

そして、そういう人達のほうが多数派だ。

お客さんの安心を担保しろ

『集客』というのは、「楽しめるかな?」「置いてきぼりにならないかな?」といった〝不安を取り除いてあげる作業〟だ。

「お客さんの安心を担保する作業」と言ってもいい。

たとえば、突如として、田舎に「インスタ映えするオシャレ店」を出しても、そこに生まれるのは「私なんかが店に入ったら、恥をかかないかしら？」という不安で、集客に繋がらない。

先日、愛知県豊橋市にある青果店『一期家一笑（いちごやいちえ）』のオーナーさんから相談を受けたんだけど、2000万円をかけて店内をオシャレに改装したのに、その後、客数が40％減少したそうだ。

地元の方にインタビューをとってみると、「オシャレで素敵」という若いお母さん方の声もあった一方で、「私なんかが中に入ってもいいのだろうか？」という声もあった。

素敵なお店なので、是非、遊びに行ってみてください。

集客活動をするオーナーに迫られている選択は「オシャレをとる

か？　集客をとるか？」で、『オシャレ』を選んでしまうとオシャレ感度の高いお客さんは呼べるけど、一方で、自分のセンスに自信が持てないお客さんが離れてしまう。

オシャレには「排除」の力学が働くわけだ。

一方、『集客』を選ぶのであれば、「少しダサイ」は受け入れなきゃいけない。

たとえばコチラは、ボクがやっているオンラインサロン『西野亮廣エンタメ研究所』のチラシ。

1枚目が東京で配っているチラシで、2枚目が地方で配っているチラシ。

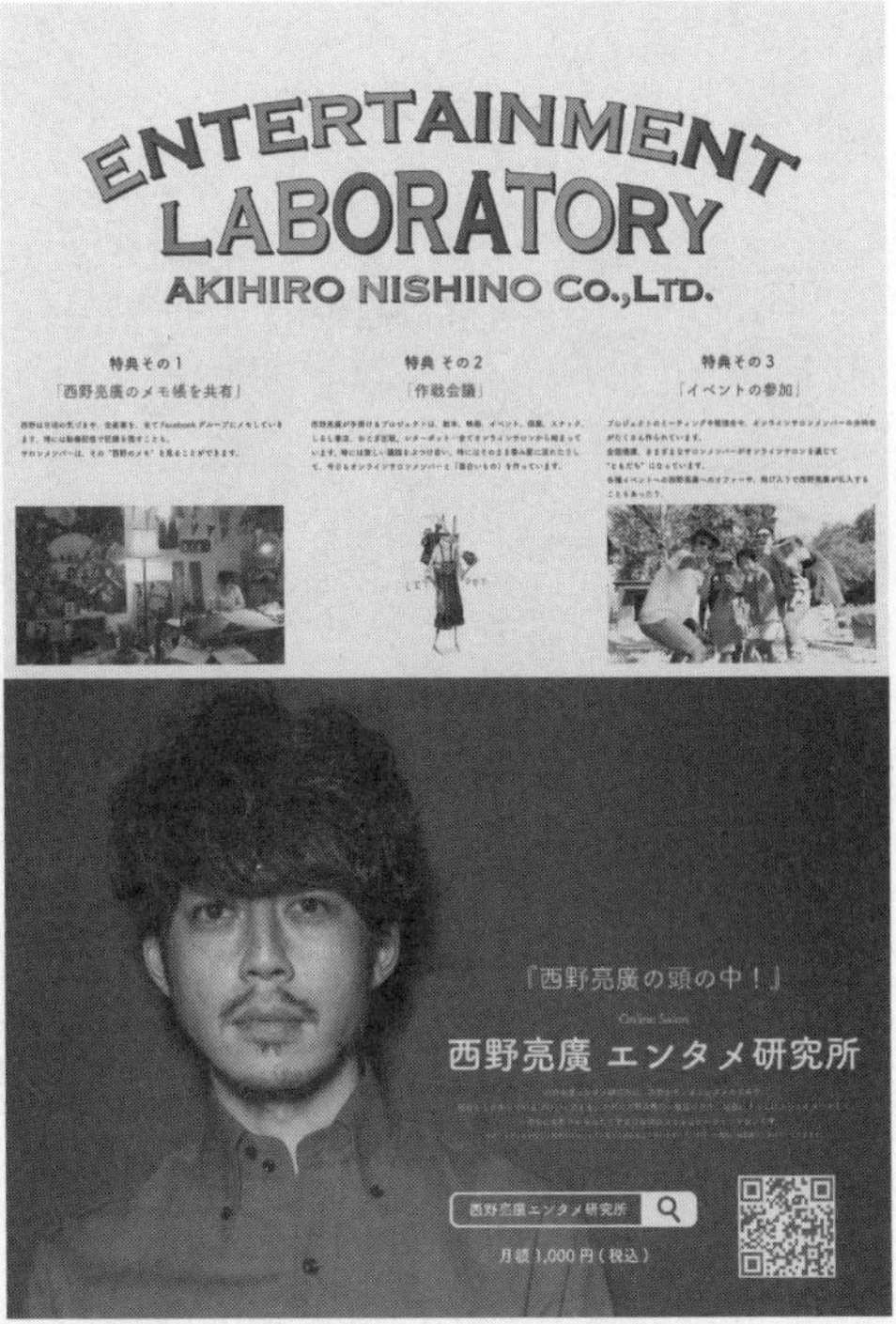

アルファベットロゴを使用し、
シンプルで適度にオシャレな、都心向けの
オンラインサロンのフライヤー

10代の学生から50代主婦まで、様々な世代の
"声"を載せて身近さをアピールした、
地方向けフライヤー

東京にはオシャレじゃない場所を避ける人も多いので、東京で配るチラシは、ダサ過ぎないように。

一方、地方で配るチラシは「私が入っても大丈夫」と思ってもらえるようなデザイン。

デザイナーには「近所のスーパーに貼られているレベルのデザインで」と発注した。

地域や年代によって、デザインレベルはコントロールしなくちゃいけない。

まとめ

☑ 集客とは、お客さんの〝不安〟を取り除く作業だ。

☑ オシャレには「排除」の力学が働く。
だから「集客」を選ぶのであれば、
「少しダサい」は受け入れなきゃいけない。

リピーター獲得の方程式は「満足度－期待値」

広告の話は、これが最後。

ボクの活動の本丸は国内最大のオンラインサロン『西野亮廣エンタメ研究所』で、絵本にしても、WEBサービスにしても、美術館建設にしても、ここから全てが始まっている。

サロンメンバーの入退会は毎日おこなわれていて、その数字（グラフ）に引っ張られてボクが活動内容を変えることは滅多にないんだけれど、「○○をした時、人はこう動く」ということを把握した上で活動したいので、ボクは『西野亮廣エンタメ研究所』の入退会の数字を毎日見ている。

なんだか、新しい匂いのする「オンラインサロン」だけど、抱えている問題はお店やイベントと同じ。

「集客」ができなければ強制的に終わらされてしまう。

お客さんを相手にする以上、どこまでいっても「集客」の問題はつきまとうんだ。

『西野亮廣エンタメ研究所』は現在「国内最大のオンラインサロン」となっているので、今のところ「集客には成功している」と言えるのかな。

「リピーター」はどうやって作るの？

説明するまでもないけど、「一見さん」だけでは、お店は回らない。

「一見さん」が一周したら、お客さんがいなくなるからだ。

店を回すには、「リピーター（常連さん）」を作らなきゃいけないんだけど、さて「リピーター」はどう作る？

この問いには明確な答え（計算式）があって、次のとおり。

『満足度』－『期待度』＝リピート度

満足度というのは「行った後の実感値」のことで、期待度というのは「行く前の期待値」のことね。

リピーターを作るには、この計算式の答えを「プラス」で終わらせなきゃいけないわけだ。

なので、集客に焦るあまり、

「ウチのオンラインサロンに入れば、人生が変わりまーす！」

「大学に行くぐらいなら、ウチのサロンに！」

みたいな誇大広告は、上げすぎた期待度を、満足度が超えられないので、一度お客さんが来てくれたとしても、「一見さん」で終わる。

そして、ここが大事。

一度離れたお客さんは簡単には帰ってこない。

誇大広告は、「簡単には帰ってこないお客さんを増やす作業」と捉えておいたほうがいい。

「リピーター」を作る要は『期待値コントロール』

話を「オンラインサロン」から、お店に置き換えてみるね。

たとえば観光地のパンフレット。

パンフレットに掲載する写真に、「奇跡の一枚（超絶景）」を使っちゃダメ。

足を運んでくれたお客さんが期待した超絶景を、現地の景色が超えないから、「来年、また来ますね」とはならない。

でも、だからといって、見映えの悪い写真を掲載してしまうと、そもそも現地に足を運んでもらえない。

足を運んでもらって、且つ、計算式がプラスで終わるような、ちょうど良いラインの期待度（宣伝）を狙わないといけないわけだ。リピーター作りの要は一にも二にも「期待値コントロール」で、くれぐれも、「広告効果があるから！」といって、満足度を超えてしまうような広告は出しちゃいけない。


これで第2章も終わるから、そろそろ、まとめるね。

最後にもう一度言うけど、キミが挑戦を続ける為には、キミは『広告』の問題を解き続けなきゃいけない。

そして斬新な『広告』は、すぐに模倣され、すぐに広まり、すぐに広告効果を失う。

『お金』とは比べものにならないほど、変化のスピードが速いんだ。

今回、『魔法のコンパス』の文庫化にあたって、3年前に出した単行本に書いていた「最新の広告手法」は全てカットした。「文庫本」というものは、2年後も3年後も本屋さんに置かれ、その時には、もう「最新の広告手法」は通用しなくなっているからだ。だから今回は、普遍的な広告の考え方に内容を絞ってみることにした。

ここに書いたことは、あくまで基礎で、ここから先、キミが広告の問題を解き続けるのであれば、キミは毎日、アンテナを立て続けなきゃいけない。

今の時代に何がどれぐらい刺さるのか？

仮説、検証、仮説、検証を、何十回も何百回も何千回も繰り返し

繰り返し繰り返し。

もちろん大変だよ。簡単じゃない。

だけどキミには守りたいものがあるのだろう？

それを守る為なら、「毎日、広告と向き合い続ける」なんて努力で

も何でもないよね？

やれるよ。

サボりそうになった時は、夢見たあの頃の自分に、物陰から見られていることを意識するといいと思うよ。

まとめ

☑ **集客するためには「リピーター」を作らなきゃいけない。**

☑ **それには「『満足度』ー『期待度』」がプラスになる必要がある。**

☑ **誇大広告は「簡単には帰ってこないお客さんを増やす」作業。**

☑ **斬新な広告は、すぐに広告効果を失う。**

［特別付録］

この世界に失敗など存在しない

近畿大学平成30年度卒業式スピーチ
2019年3月23日

―西野登場―

会場（拍手）

西野　どうもどうも。えっと、あの……皆さんはこれから社会に出られるわけですけども、社会に出たらコミュニケーションというものが、より大切になってくることは想像に難くないと思います。

んでもって、コミュニケーションの鍵は「相手が求めているリアクションをすることだ」ということも、もうお分かりだと思います。

でね、今、ボクが出る前にオープニング映像が流れました。
もう「スーパースターが出てくるぞ!」といった雰囲気たっぷりの煽り映像です。

西野　あの映像を作られた方が、映像終了後に求めているものは「スーパースターの登場」で、私は、自分がスーパースターでないことは百も承知ですが、でも、そこは社会人としてコミュニケーションを取らねばなりません。

私、それはそれは皆様に申し訳ないと思いながらも、スーパースターのごとく、堂々と舞台袖から出てきましたよ。

スーパースターが出てくるような映像が流れ、スーパースターのような振る舞いで西野が登場し、そして、あなた方は……

パラパラの拍手を送った。

会場　（笑）

西野　それでいいのか？　という話です。

あなた方には二つの選択肢があった。

一つは、キングコング西野をパラパラの拍手で迎える。

もう一つは、男は野太い声を出し、女は黄色い声を上げ、大歓声でキングコング西野を迎える。

会場　（笑）

西野　どちらでも構いません。皆さんの人生ですから、皆さんの好きなようにされるのがいいと思います。
あ、もう一点。

もう間もなく……あと10分～15分ほどで皆さんの大学生活が本当に終わってしまうのですが、このまま静かに座って終わらせてしまうのか、それとも、最後にバカをして終わるのか？

誰かが世界を変えてくれるのを待つのか、それとも自分で世界を変えるのか？

念のため、もう一度言いますね。

あなた方には二つの選択肢がある。

パラパラの拍手でキングコング西野を迎えるのか、それとも、割れんばかりの大歓声でキングコング西野を迎えるのか？

決めるのは、あなた方です。

というわけで、ゲストスピーカー・キングコング西野の登場……やり直しです。

会場（爆笑）

西野　スタッフさん、もう一度、オープニング映像をお願いします。

会場（爆笑）

西野、舞台袖にハケる

再びオープニング映像が流れる

西野、再登場

会場　（大歓声）

西野　やればできんじゃん！

どうも、あらためまして、キングコング西野です。宜しくお願い致します。

会場　（大歓声）

西野　まあ、いろいろありまして、こうしてボクなんかがスピーチを頼まれたわけですけども、本題に入る前に自分が何者なのかをお話ししたほうが良さそうですね。話します。

紹介映像にもありましたが、2～3年前に『えんとつ町のプペル』という作品を発表しまして、これが結構売れて、映画化が決定して、今、その映画を作っているところです。

んでもって、自分は「ディズニーを超える」とか何とか言ってまして、今のところスタッフの皆様からは反対をくらっているのですが、この映画『えんとつ町のプペル』の公開を、ディズニーの新作アニメの公開の真裏にぶつけて、観客動員数で勝とうと思っています。

会場（笑）

西野　そこで、ディズニー映画が一体どれぐらいヒットしているのかを知りたくて、ディズニー映画の収支表のようなものを見たら……あの人達、メチャクチャ売れてるんです。

会場　（笑）

西野　皆さん、ご存知ですよね？　『ベイマックス』とか、『アナと雪の女王』とか。
ボクは来年、ここに挑まなきゃいけないのかと思うと、膝がブルブル震えてきたんですけども、ずっと、その表を見ているうちに、ディズニー作品の弱点に、ついに気がついたんです。それは……「ジャングル系の時、ちょっと弱め」。

会場（爆笑）

西野　なので、ディズニーがジャングル系の作品を出してきたら、「そろそろ西野が出てくる」と思っていただけると助かります。

会場（笑）

西野　そういうセコいやり方で、ディズニーに挑もうと思っております。

ここまでは、チームの自己紹介です。そして、ここからが個人の自己紹介になるわけですが、一つ特徴をあげるとするなら、好感度が低めです。

会場　（笑）

西野　街中で「キングコング西野さんですよね？」と声をかけられたので、「あ〜、どうもどうも」と手を差しのべると、「大丈夫」と断られたりします。

会場　（爆笑）

西野　声をかけられて、フラれたりします。つらいです。

会場（爆笑）

西野　相方はキングコングの梶原雄太です。
最近だとYouTuber『カジサック』として頑張っています。
とても頭の悪い男です。バカです。
せっかくなので、今からカジサックの悪口を言います。

会場（笑）

西野　以前、飛行機に乗った時に、あのバカがボクの前の席に座って、離陸後まもなくリクライニングをバーン！　と倒してきたんです。

チビで体積も少ないくせに、目一杯倒してきやがったんです。そうすると、当然、コッチのスペースは狭くなるわけじゃないですか？

ほんのりムカついたのですが、でも、まぁ、椅子を倒すことは禁止されているわけではないし、なにより、「お疲れで、寝るんだろうなぁ」と思って、ちなみに、前の席を覗いてみたら……あのバカ、倒した椅子にもたれずに、前の机を出して、うつぶせになって寝てやがったんです。

会場（爆笑）

西野　背中にムダなスペースが発生しているんです。

会場（爆笑）

西野　椅子を倒すのなら、もたれろ！
うつぶせになるのなら、リクライニングを戻せ！
私、腹が立ってしまってですね、寝ている彼の頭頂部にペッ
トボトルの水をチョボチョボっとかけたんです。でも、全然
起きない。

1滴かけても起きない。5滴かけても起きない。10滴、20滴かけたら、もう頭がビチョビチョになって、そこで、ようやくあのバカがバッと飛び上がって起きて、濡れている自分の頭を押さえて、呟きやがったんです。

「やってもうた……」

会場（爆笑）

西野 やってもうた？ こんなところ（頭頂部）、やってまいます？ ココ（股間）なら、まだしも。本当にバカです。バカ繋がりでいうと、ボクの同期には、ピースや（平成）ノブシコブシ、とろサーモンやダイアンといった、才能のあるバカが揃っております。

その中でも、昔から、よく一緒に遊ばせてもらっているのが『NON STYLE』の石田君ですね。

ここからは、彼と正月にＵＳＪに行った時の話です。

お正月ということで、ＵＳＪに行く前に初詣に行って、「いい結果が出たほうが、何でも命令できる」というルールを設けて、おみくじを引いたんです。

すると、ボクが大吉で、彼が大凶を引くという圧倒的な結果が出て、晴れて、ボクが彼に命令できる権をゲットしたわけです。

その流れでＵＳＪに行き、『ウォーターワールド』の水上ショーを観に行ったんです。

ご存知ですか？　ウォーターワールド。

あれって、ショーが始まる前に、観客席を二つに分けて『声出し合戦』をおこなうんです。

で、声が小さかったチームの代表者１名が罰ゲームで水をかけられる。

ボク、それを事前に知っていたので、石田君を最前列に座らせて、自分は最後列に座って、「ＬＩＮＥで僕が指示を出すから、ボクの指示どおりに動け」と、ここで〝命令できる権〟を使ったんですね。

そして、声出し合戦が行われて、結果、僕らのチームが負けて、キャストさんが「負けたチームの代表者、出てこーい！」と言うわけです。

ここだ、と思って、「今だ！　前に出ろ！」とLINEを送ったのですが、石田君というのは本当にピュアな男でして、お客さんとして純粋にショーを楽しんでしまって、まるでLINEに気がつかない。

会場（笑）

西野　何度、LINEを送っても、まるで気がつかない。そうこうしていたら、大学生の男の子が「ボク、いきまーす」と前に出ちゃった。

これで、「水をかける人」「水をかけられる人」「水をかけられる人を押さえる人」といった感じで、罰ゲームの役者は揃ったわけです。

そして、まさかの、そのタイミングで石田君がＬＩＮＥに気づいて、画面を確認するやいなや、ファ～と前に出ていっちゃったんです。

会場（笑）

西野　客席は騒然です。「石田だ！」「NON STYLEだ！」
それより何より、「なぜ、このタイミングで!?」。

会場　（爆笑）

西野　M-1チャンピオンが公衆の面前でスベリ散らしているわけです。ボクもビックリしました。だって、こんなタイミングで出ていっても、もう役割がないんだもん。

「おいおい、石田。どうするんだ？」と思いましたよ。

そしたら、彼……

「水をかける人」がいて、

「水をかけられる人」がいて、
「水をかけられる人を押さえる人」がいて、
「水をかけられる人を押さえる人を押さえる人」をしたんです。

会場（爆笑）

西野　押さえる人の後ろに回って、なんとなく、押さえる人の肩に手をあてているんです。もうワケが分からない。客席はパニックです。

会場（笑）

西野　でも、罰ゲームをしないことにはショーが始まりませんから、仕方がない。水をかける人が「くらえ〜」とバケツ一杯の水をかけるんです。

そしたら、あれはきっと、耳打ちされていたんでしょうね。「水をかけられる人」が頭を下げるんです。

で、本来であれば「水をかけられる人を押さえる人」に当たってオチがつくハズなのですが、その人の後ろには、絶賛ゲロスベリ中のNON STYLE石田がいる。

会場（笑）

西野　「ここでNON STYLE石田君に花を持たせてやらないと」ということで、なんと「水をかけられる人を押さえる人」が機転を利かせて、頭を下げてくださったんです。そしたら、石田君もビックリして、一緒になって頭を下げちゃった。

会場　（爆笑）

西野　そのまま水が明後日の方向に飛んでいって、誰も濡れない。被害者ゼロ。

会場（爆笑）

西野　大事故です。酷い有り様でした、ホント。

あの……そろそろ卒業スピーチらしくイイ感じの話をしますね。このままだと先生方にキレられそうなので。

会場（笑）

西野　想像してください。

僕たちは今この瞬間に未来を変えることはできません。

そうでしょ？
「10年後の未来を、今、この瞬間に変えてみてください」と
言われても、ちょっと難しい。

でも、ボクたちは過去を変えることはできる。

たとえば、卒業式の登場に失敗した過去だったり、
たとえば、好感度が低い過去だったり、
たとえば、アホな相方を持ってしまった過去だったり、
たとえば、友達と一緒に恥をかいてしまった過去だったり。
そういった過去を、たとえばボクの場合ならネタにしてしま

えば、あのネガティブだった過去が俄然、輝き出すわけです。
「登場に失敗して良かったな」と思えるし、
「嫌われていて良かったな」と思えるし、
「相方がバカで良かったな」と思えるし、
「友達と一緒に恥をかいて良かったな」と思える。
ボクたちは今この瞬間に未来を変えることはできないけれど、
過去を変えることはできる。
これから皆さんは社会に出ます。
様々な挑戦の末、最高の仲間に出会えることもあるでしょうし、
最高のパートナーに巡り会えることもあるでしょうし、
最高の景色に立ち会うこともあるでしょう。

一方で、
涙する夜もあるし、
挫折もあるし、
傷を背負うし、
謂れのないバッシングを浴びることもあるでしょう。
挑戦には、そういったネガティブな結果は必ずついて回ります。
でも、大丈夫。
そういったネガティブな結果は、まもなく過去になり、
そして僕らは過去を変えることができる。
失敗した瞬間に止めてしまうから失敗が存在するわけで、
失敗を受け入れて、

過去をアップデートし、
試行錯誤を繰り返して、
成功に辿りついた時、
あの日の失敗が必要であったことを僕らは知ります。
つまり、理論上、この世界に失敗なんて存在しないわけです。
このことを受けて、ボクから皆さんに贈りたい言葉は一つだけです。

挑戦してください。

小さな挑戦から、世界中に鼻で笑われてしまうような挑戦まで。

皆さんにはたくさんの時間があるので、たくさん挑戦してください。

一応、絵本作家もやっているので、最後は絵本の話でまとめます。

今、『チックタック～約束の時計台～』という絵本を作っています。時計を舞台にした物語です。

時計の針って面白くて、長針と短針が約1時間ごとに重なるんです。

1時5分頃に重なって、2時10分頃に重なって……毎時重なるんですけど、でも、11時台だけは重ならないんです。

短針が逃げきっちゃう。
二つの針が再び重なるのは12時。
鐘が鳴る時です。
鐘が鳴る前は、報われない時間があります。
鐘が鳴る前は、見向きもされない時間があります。
ボクにもありましたし、皆さんにも必ずあります。
人生における11時台が。
でも大丈夫。
時計の針は必ず重なるから。
だから、挑戦してください。
応援しています。頑張ってください。

ボクは、少し先で待っています。
いつか一緒にお酒を呑みましょう。
卒業生の皆様、御家族の皆様。
本日は、本当におめでとうございます。
キングコング西野亮廣でした。

会場（拍手）

２０１９年３月23日（晴れ）
近畿大学平成30年度卒業式
ゲストスピーカー：西野亮廣（キングコング）

第3章 ファン

オンラインサロン
『西野亮廣エンタメ研究所』の実績

会員数

2万3932名

（2019年４月16日現在）

次の文化は
「鎖国」から生まれる。

第1章から、オンラインサロン『西野亮廣エンタメ研究所』の話がチョコチョコ出てきたけど、そもそも、どうしてボクが、オンラインサロンを熱心にやっているかを説明したほうがいいよね。

第3章の『ファン』に大きく関わってくるお話です。

突き抜けるには「風通しの悪さ」が必要

今の時代って、SNSですぐに横槍（ツッコミ）が入って、何かにつけて〝あげ足〟が取られてしまうじゃない？

いつも聞こえてくるのは、「空気を読めよ」の大合唱。

おかげで、あらゆる表現の「角」が取れてしまって、せっかくの個性が殺され、品行方正で無味無臭のモノばかりが残ってしまうようになっちゃった。

正論以外は許されず、ずいぶん窮屈だ。

多様性を生むハズだったインターネットは、逆に「全員、右にならえ」の世界を作り出してしまって、「ボケ（異端）」は今日も殺されている。

こんな時代に極端にボケ続けるには、「横槍が入らない環境」が必要で、つまるところ今の時代の表現者に必要なのは〝鎖国〟だとボクは結論した。

お笑いの劇場から「スター」が消えたワケ

お笑い業界でもそう。

2000年代にお笑いブームが起こって、芸人は上手くいけば1年目からテレビに出られるようになった。

一方で、もともと各劇場に存在した「スター芸人」が消えた。

小劇場の中なら「自分ルール」で世界が回ったんだけど、風通しが良くなったおかげで、たくさんの人からの横槍が入るようになり、「角」がどんどん削ぎ落とされていったんだ。

小劇場という〝鎖国空間〟は、突き抜けた表現をする上で必要だったんだよね。

日本が鎖国していた頃の文化は、浮世絵にしても、着物の色の合わせ方にしても、圧倒的にオリジナルで、世界的に見ると圧倒的にボケ（なんじゃソレ？）で、結果、それが世界に通用している。

浮世絵のタッチが成熟する前に、江戸時代のファッションが成熟する前に、欧米の文化（ツッコミ）が入っていたら、あの結果にはならなかっただろう。

オンラインサロンという「鎖国空間」

ボクが世間でフルスイングすると、〝そんなのはダメだ！〟と十中八九炎上するんだけど、オンラインサロン『西野亮廣エンタメ研究所』の中では、むしろ、ボクのフルスイングが求められている。

世間がボクのフルスイングに「NO」を出しても、ボクの活動が止まらないのは、この環境があるからだ。

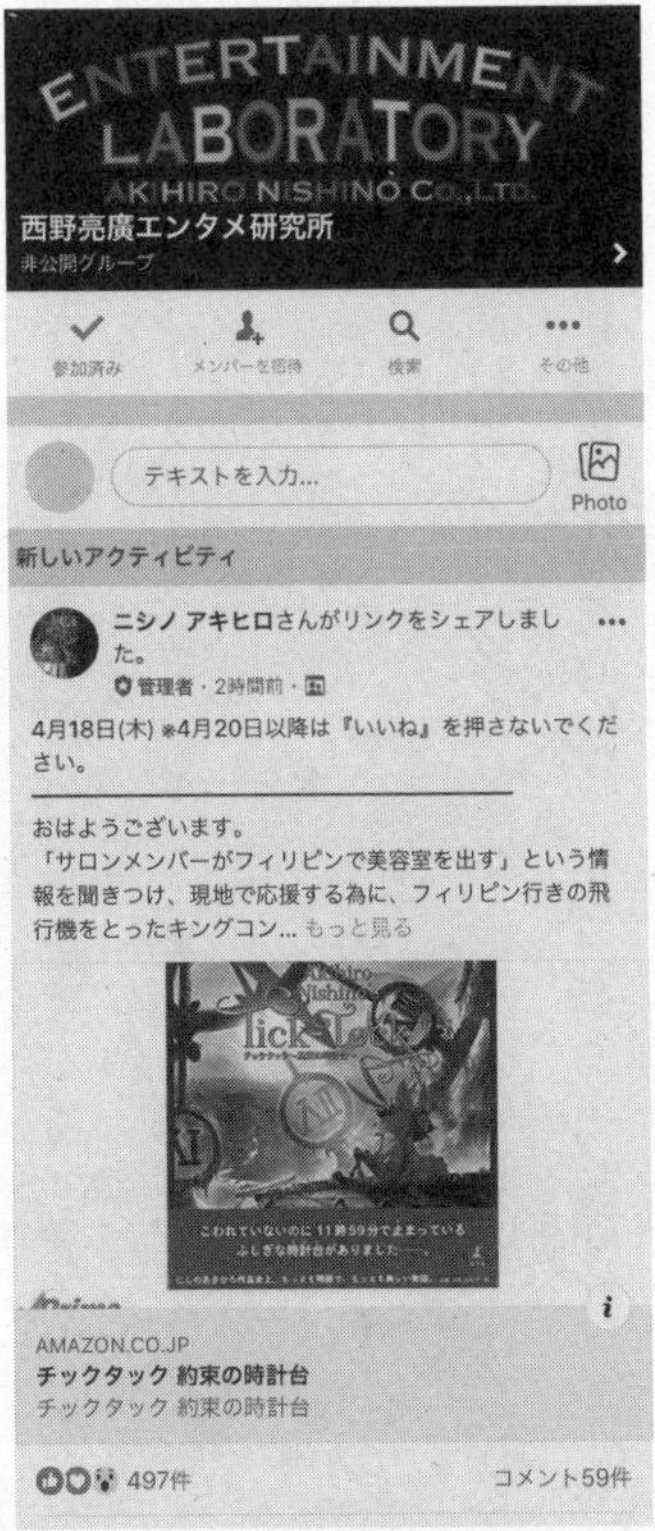

月会費1000円のオンラインサロンには
毎朝長文の記事が投稿される。
会員間での交流も盛んだ

オンラインサロンでは、毎朝（本当に毎朝）、ボクの活動についての仮説&検証結果や、ボクが次に仕掛けるビジネスのことを投稿していて、メンバーは月額費を払って朝刊を楽しむように読んでくれている。

世界の人口に対して、『西野亮廣エンタメ研究所』の2万3000人という会員数は、数字的に見ると、あまりにもちっぽけだけれど、世界を変えるには十分な数だ。

第3章は、現代を生きるボクらが持たなきゃいけない「ファン」の話。

まとめ

☑ SNS時代は横槍で個性が殺され、無味無臭のモノばかりが残ってしまうようになった。

☑ 現代、コンテンツも人も、突き抜ける為には、「鎖国空間」が必要。

「機能検索」の時代が
終わり、「人検索」の
時代が始まった。

分からないことや、調べたいモノがあった時、キミはどうしてる？
GoogleやYahoo!で検索してるよね？
美味しい卵かけ御飯の作り方も、
美味しい蕎麦の打ち方も、
新製品の適正価格も、
ありとあらゆる答えがそこに書いてある。

これまで特別な訓練を受けた人のものであった「技術」や「情報」が、インターネットによって地球人全員の共有財産となっちゃったわけだ。

ボクらは、この事実を踏まえた上で生き方をデザインしなきゃいけない。

たとえばキミが「美味しい卵かけ御飯」を〝売り〟にした店を出したとして、そこから店を盛り上げるのは、なかなか難しい。

キミの店の「卵かけ御飯」が美味しければ美味しいほど、キミの店の「卵かけ御飯」の秘伝の味は、キミの店のお客さんに研究し尽くされ、キミの店のお客さんの手によって世界に拡散される。

気がつけば、キミの店の隣に、キミの店と同じような店ができている。

「安さ」で勝負しても、難しいね。

その安さを可能にした仕入れルートが研究され、まもなく拡散されて、気がつけば、キミの店と同じような価格帯の店が乱立する。

ボクらは、機能や品質や値段で他との差別化が図れなくなった時代を生きている。

だったら、他との差別化をどこで図ればいいのだろう？

どんな力を手に入れればいいのだろう？

その答えは、「ファン」だ。

目の前に、同じ味、同じ値段、同じ内装の店が並んだら、ボクらが店を選ぶ理由は一つしかない。

「誰が働いているか？」だ。

もう少し踏み込んだ言い方をすると、

「誰にお金を落とすか？」

「どの店も美味しいから、どうせなら、あの人の店で食べよう」という判断になってくる。

「機能検索」の時代は終わり、「人検索」の時代が始まった。

自分のブランド化は、スポーツ選手やタレントさんといった有名人だけの仕事だと思っていたけど、とんでもない。

ボクは勿論のこと、キミも自分をブランド化し、ファンを作らなくちゃいけなくなったんだ。

でも大丈夫。慌てることはない。
ちゃんと攻略法がある。

まとめ

☑ **「機能」や「品質」や「値段」で差別化が図れなくなってきた。**

☑ **選ばれる理由は「人」。**

☑ **自分をブランド化して、「ファン」を作ろう。**

ファンとは何か?

「機能検索」の時代が終わり、「人検索」の時代が始まった。

「どれを買うか？」ではなく、「誰から買うか？」という競争の幕開けだね。

こうなってくると、ボクらは自分をブランド化して、自分のファンを獲得していかなくちゃいけない。

そのことについて詳しく話していきたいんだけれど、その前に、ボクらが獲得しようとしている『ファン』の定義を明確にしておく必要がある。

たとえばボクが絵本作家に転身することを発表した時は、「絵本なんか描かずに、お笑いをやってください」と言ったファンもいたし、「新しい挑戦、楽しみにしています」と言ったファンもいた。

正反対のことを言っているんだけど、世間的には、その人達はまとめて「キングコング西野のファン」ということになっている。

これだと、どこに向けて球を投げればいいのかが分からないよね。だって、絵本作家を熱心にやれば、「絵本なんか描かずに、お笑いをやってください」という人は離れていっちゃうし、だからと言って、その人達の言う通りにして、絵本作家への転身を止めちゃう？

いやいや、自分がやりたいことを曲げてしまうと、それはそれで失ってしまうファンが出てきそうだ。

「どっちのファンを取るの？」

これは、ボクだけの問題じゃなくて、ファンを抱える仕事をする人……つまりキミにだって必ず訪れる問題だ。

その時の為にボクらは『ファン』の定義を明確にしておく必要がある。

この辺の話は、佐藤尚之さんが書かれた『ファンベース』（ちくま新書）という本に詳しく書かれているので、是非、読んでみてください。

面白い本なので、オススメです。

ファンは「理念」を支持してくれる人

『ファン』というのは、「企業やブランドや商品が大切にしている〝理念〟を支持してくれる人」のことを指す。

つまり、批判を浴びながらも、次から次へと新しい挑戦を繰り返す姿勢や理念を支持してくれる人が『キングコング西野のファン』であり、去年のキングコング西野を求める人は、『キングコング西野のファン』じゃない。

これだけ目まぐるしく環境が変わって、変化しないと死んでしまう時代に、変化を否定してしまう人は『ファン』ではなく、『ドリームキラー（キミの夢を壊す人）』だ。

もう一つ言うと、「にわかファン」を否定する「コアファン」も『ファン』という名が付いているけれど、『ファン』ではなく、『クレーマー』だ。

オンラインサロンを運営しているとよく分かるんだけど、コミュニティーを破壊するのは、往々にして「幅を利かせる古参ファン」だ。

ほら、サッカーワールドカップの時にだけ騒ぐ「にわか」を否定する「コアファン」がいるじゃない？

「普段のJリーグを見ていないくせに」みたいな調子で。

ああいう人がサッカー文化を殺しちゃうんだよ。
ファンの入り口は全員「にわか」だから。

キミが大切にしなきゃいけないのは、キミが大切にしている『理念』に共感し、変化していくことを応援してくれる「ファン」で、その人以外は、キミの「ファン」ではない。
ここの定義を明確にせずに、自ら「ファン」と名乗る人の意見を全て受け入れてしまうと、必ず路頭に迷うから、『ファン』の線引きはハッキリしておいたほうがいいと思うよ。

まとめ

☑ **姿勢や理念に共感し、変化していくことをも支持してくれる人が「ファン」。**

☑ **「にわかファン」を否定する「コアファン」がコミュニティーを破壊する。**

『物語』を売れ

オンラインサロンの運営って本当に難しい。

連日たくさんのサロンが立ち上がり、連日たくさんのサロンが消えていく。

一見盛り上がっているように見える業界だけど、実際のところは、死屍累々の模様を呈している。


中でも苦戦しているのが、「稼げる身体になります！」的な看板を掲げる『習得型』のサロン。

お金が稼げる身体にならなかったら、「なんだよ、稼げねぇじゃん！」と辞めてしまうし、お金が稼げる身体になったら、「稼げる身体になりました。ありがとうございます」と辞めてしまう。

どっちに転んでも会員のゴールは「辞める」なので、構造上、会員数が増えていかない。

くわえて、現代では『情報』はナンダカンダで別口から手に入るから、『情報』は商品になりにくい。

結論、サロンオーナーがオンライン上で販売できるのは、サロンオーナーの『物語』ぐらい。

ボクの場合なら、『えんとつ町のプペル美術館』や映画『えんとつ町のプペル』が完成するまでの紆余曲折や、プロジェクトごとのスッタモンダなど。

そういった『物語』を売って、ファン（常連さん）を生んでいるわけだ。

ここでのポイントは、その『物語』が、「面白い物語でなければならない」ということ。

じゃあ、「面白い物語」って何だろう？

「負け」から逃げちゃダメ

『西野亮廣エンタメ研究所』では毎日「入会者数」が出るんだけど、なんとも興味深いのが、絵本やビジネス書でコンスタントにヒットを飛ばしている時というのは、あまり入会者が伸びない。

数字が伸びる時というのは明確で、成功しようが失敗しようが「挑戦している時」だ。

なるほど、こっちのほうが『物語』として面白いわけだ。

「一体どうなっちゃうの？」に人が集まっているわけだね。

これは連載漫画とまったく同じで、海賊王を目指すルフィが第1話から圧勝を続けてしまうと誰も『ワンピース』を読まなくなるわけじゃない？

勝ちがあって、負けがあって、リベンジがあって、『物語』になるわけで、読者の感情曲線をキチンと上下に振ってあげなきゃいけない。

皆、「負け」を避けたがるけど、「負け」の無い物語なんて売り物にならない。

これは、とっても大切なことなので、覚えておくといいと思うよ。

まとめ

☑ 現代では、「情報」は商品になりにくい。

☑ お客さんを引きつけるには「魅力的な物語」が必要。

☑ 「負け」の無い物語は売り物にならない。

満足度の正体は『クオリティー』ではなくて、『伸び率』だ。

少々、前置きが長くなっちゃったけど、そろそろ「ファンを作る為の物語の作り方」についてお話しするね。

キミが販売する『物語』を作る上で、大前提として踏まえておかなきゃいけないのは、人間の満足度（幸福度）は『ハイスコア』ではなくて『伸び率』だということだ。

テストで毎回95点をとっている子が、今回のテストで96点をとってもそれほど感動はないけど、テストで毎回0点をとっている子が、今回のテストで50点をとれた時は、そりゃあもう感動しちゃうよね？

満足度を生むには、この『伸び率（矢印の角度）』を上げてあげることが大切なんだ。

たとえば、ディズニーランド。

あれだけ広い駐車場を構えて、受け入れ態勢はバッチリなのに、入場ゲートがちょっと少なくない？

ゲートの数を増やしてくれたら、スムーズにパーク内に入れるのに、あそこで毎回待たされる。

だけど、想像してみて欲しい。

『スムーズに入れた後に見たシンデレラ城』と、『少し並んで、ストレスが解放された瞬間に見たシンデレラ城』だと、どちらの『シンデレラ城』にボクらは感動するだろう？

もう分かるよね。


行列ができるラーメン屋さんのラーメンを更に美味しくしているのは『行列』だし、世界一の調味料は『空腹』だ。

報酬の手前でストレスがかかっているから、伸び率が上がり、満足度が上がるわけだ。


話を「プロジェクト」に置き換えて考えてみよう。

たとえばキミが事業計画書を完璧に書いて、一度もピンチを迎えることもなく、計画通りにプロジェクトをゴールへと導いたとする。

その時、キミの上司をはじめ、たくさんの仕事関係者がキミの仕事っぷりを労ってくれると思う。

「成功者」と称える人もいると思う。

だけど、どうだ?

その仕事で、一度もドラマを見せなかったキミやキミのプロジェクトに、一体どれだけの『ファン』が生まれただろう?

「機能検索」の時代が終わり、「人検索」の時代になった。

この時代の「成功」をキチンを定義したほうがいい。

『ファン』を生まずして、何が成功だ。

まとめ

☑ 人間の満足度を生んでいるのは「ハイスコア」ではなくて「伸び率」。

☑ 報酬の手前で「ストレス」がかかることで、ファンが生まれる。

ヒット作の「型」を真似ろ。

キミの活動の『ファン』を作るんだ。

ファン作りに必要なのは『物語』で、映画や漫画やドラマのヒット作を参考にするといい。

ヒット作の『物語』には決まった「型」がある。

幸いボクも『えんとつ町のプペル』というヒット作を持っているので、ボクの作品で説明するね。

『えんとつ町のプペル』の【あらすじ】は、こんな感じ。


えんとつ町は煙突だらけ。

そこかしこから煙が上がり、頭の上はモックモク。

朝から晩までモックモク。
えんとつ町に住む人は、青い空を知りません。
輝く星を知りません。

『星に憧れた煙突掃除屋の少年』が、突如現れた『ゴミ人間』と出会い、一緒に星を観に行く物語なんだけど、その途中で、少年は『ゴミ人間』と一緒にいることが町中に知れわたり、イジメの対象になっちゃうんだよね。

読者は主人公の少年に感情移入をして、作品を読む。
ここでデザインしなきゃいけないのは、主人公の感情曲線で、さっきも言ったけど、主人公の幸福度が「95点→96点」になる物語には、誰も感動しないんだよね。

ちなみに『えんとつ町のプペル』の主人公の『少年（＝読者）』の感情曲線はコチラ。

①と②と③で、山と谷を作って、結果『N字型』になっているんだけど、ヒット作の多くは、この『N字型』に乗って、ストーリーが組み立てられている。
『アナと雪の女王』にしたって『君の名は。』にしたって、基本、『N字型』だ。

[絵本『えんとつ町のプペル』の感情曲線]

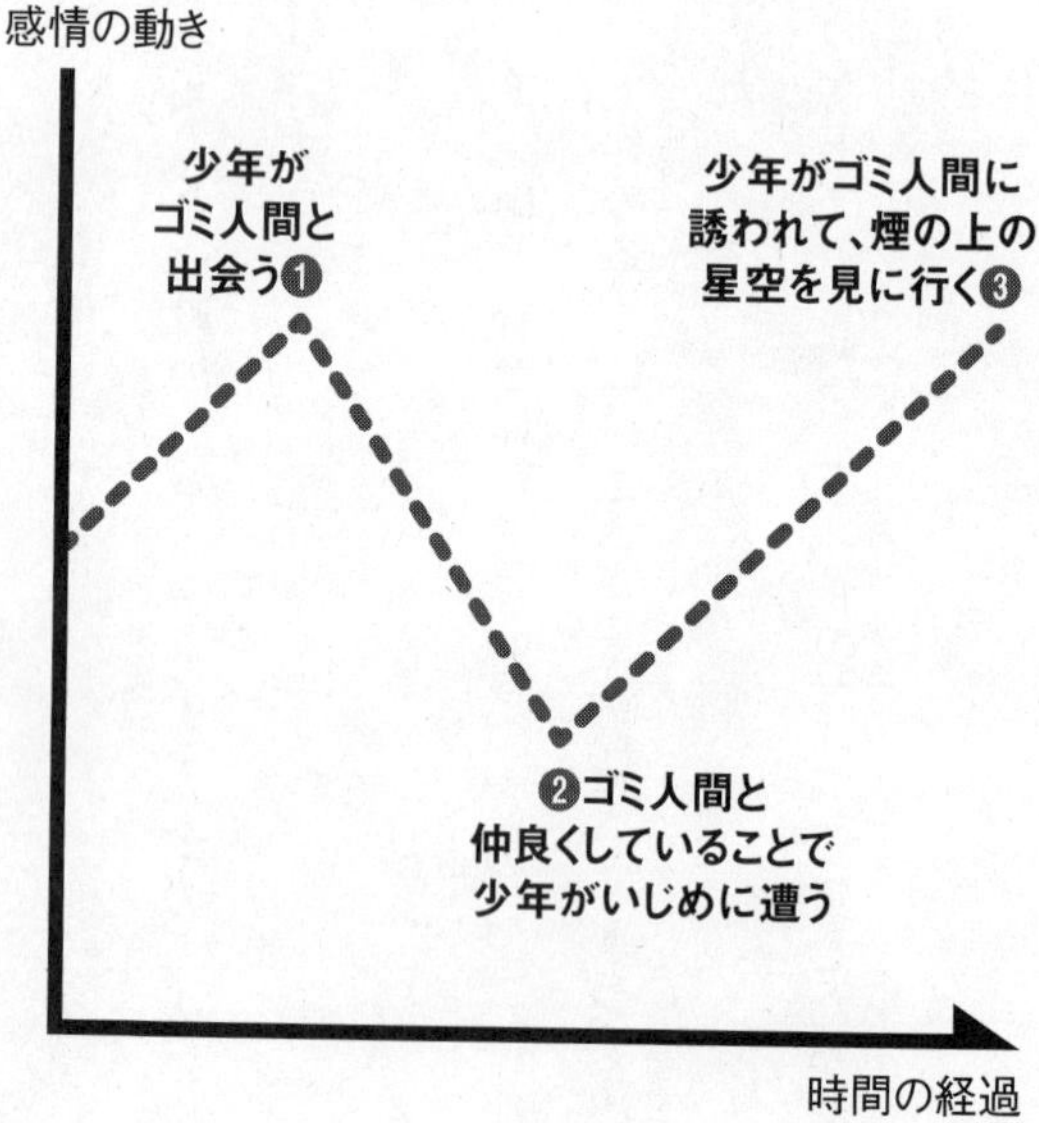

現在作っている映画『えんとつ町のプペル』は、絵本よりも時間が長いので、この感情曲線が『N字』から『W字』になっていたりするんだけれど、いずれにせよ、感情の高低差をつけることが大切だ。
①から、②を経由せずに、直接③に移動していたら、そこには感動はなくて、②でキチンと落ちているから、③で浮上した時に感動するんだよね。
つまり、『負け』がないと『勝ち』の感動が薄れてしまうわけだ。

ファンを熱狂させるには、この感情曲線を念頭において、しかるべきタイミングで『負け』を作らなきゃいけない。

キングコング西野の場合だと、ずっと「嫌われ者（＝②の位置）」

でやってきたんだけど、あれやこれやと活動しているうちに、少しずつ好感度が上がってしまって、ここ最近は炎上すらしなくなった。

「西野を批判するほうがダサイ」という空気すらある。

感情曲線は③に移動したわけだ。


ここから更に『ファン』を作るには、『物語』を作る必要がある。

つまり、再びピンチになり、感情曲線を落とす必要がある。

これを受けて、15億円の美術館を建設することに決めちゃった。

とりあえず今は大ピンチだよ（笑）。

まとめ

☑ ファン作りに必要な「物語」は、映画や漫画やドラマのヒット作の「型」を参考にしよう。

☑ ファンを熱狂させるには、「感情の高低差」をつけることが大切。

中途半端に
勝つぐらいなら、
圧倒的に負けろ。

『負け』を挟むことがいかに大切かご理解いただけたと思うので、ここからはもう少し踏み込んだ話をするね。

たとえばキミが今いるコミュニティーに限界を感じて、外に飛び出したら、もれなく「村八分」か「魔女狩り」か「理不尽なバッシング」に遭う。

ボクもそうだった。

25歳の頃にテレビ村を飛び出して、今日のような活動を始めた頃にゃ、そりゃあもう、ありったけの石を投げつけられたよ。

「芸人だったら、ひな壇に出ろよ！」

「なんで、芸人のクセに絵本を描いてるんだ！」

と散々。

まいっちゃうよね。

ボクの人生をボクがどう生きようがボクの自由だと思うんだけど、世間はそれを許さない。

当時、若手芸人の主戦場は『ひな壇』で、その『ひな壇』に出ないと表明したことに対する軋轢ときたらハンパなくて、話にオヒレハヒレが付いて、いつの間にやら「キングコング西野が『ひな壇』に出ている芸人を批判している！」という文章になっていた。

「ひな壇に出ない＝ひな壇に出ている芸人を否定」ではないんだけ

ど、当時は皆、興奮していて、どれだけ説明しても、まるで聞き入れてもらえなかった。

ボクが『ひな壇』に出ない理由は、次の三つ。

①シンプルに『ひな壇』が苦手だから。
②スマホの画面に合わないから。
③時間を奪われるから。

順に説明するね。

苦手だから『ひな壇』に出ない

日本人は特に「お金＝ストレスの対価」と考えがちだから、「仕事はツライものだ」「我慢してナンボ」となっちゃうんだけれど、モチベーションというものは自然発生するものではなく、『良い結果』がもたらしてくれる産物なので、基本的には〝自分が活躍できる領域〟で汗を流したほうが、「また次も頑張ろう！」と思えて健康的だ。能力も向上する。

『ひな壇』には「『ひな壇』こそが自分の活躍できる領域だ」という才人がたくさんいて、そこと対抗することは得策じゃない。

当然、「『ひな壇』こそが自分の活躍できる領域だ」という人からすると、「リングに上がって来いよ」といったところだけれど、釣られちゃいけない。

昔から、戦上手は、確実に勝てる環境を整えてから、相手には「五分五分」に見せかけて戦っている。

時代が変わろうが、ジャンルが変わろうが、これだけは変わらない。

きっとキミの身の回りでも似たような誘いがあると思うけど、誘いに乗る前に、その戦いの条件をよく調べたほうがいいと思うよ。

「苦手だからやらない」は立派な戦略だ。

スマホのサイズじゃないから『ひな壇』に出ない

この話は2016年に出した単行本版『魔法のコンパス　道なき道の歩き方』にも書いたと思うので、答え合わせ的に聞いて欲しいんだけど……。

テレビの『ひな壇』の歴史は古い。

ボクが知っている限りでも1985年に始まった『天才・たけしの元気が出るテレビ‼』(日本テレビ系)で、すでにその原型はあった。

ただ、今日のように「テレビをつければ『ひな壇』」という状況じゃなくて、あくまで「テレビの一部」でしかなかった。

その『ひな壇』が一気に広まったのは、2000年代に入ってからで、理由はいくつかあるとは思うけれど、ボクは「薄型テレビの普及」が大きな理由だと見ている。

あの時、日本中のお茶の間のテレビ画面の面積が大きくなったんだ。

画面が大きくなると、その分のスペースが余るし、登場人物を増やしても、一人一人の動きや表情を見ることができる。

薄型テレビによる画面面積の拡大化は『ひな壇』と相性が良かったんだよね。

ところが、時代はスマートフォンを選んだ。

画面が極端に小さくなったので、登場人物が多いコンテンツとの相性はあまり良くない。

こうなってくるとプレーヤーに求められる能力は、「たくさんの中から抜きん出る瞬発力」ではなくて、「一人で画面をもたせられる持久力」になってくる。

今でいうところの『YouTuber』だね。

「面白い・面白くない」という理由じゃなくて、「『ひな壇』はテクノロジー（薄型テレビ）によって誕生して、テクノロジー（スマホ）によって殺されてしまう」と読んだ。

さすがに2019年にこの話をしたら、「たしかに言われてみれば」となるかもしれないけど、10年前は、この理屈が、まったく通用しなかったよ（笑）。

時間を奪われるから『ひな壇』に出ない

「負けることが大切だ」と言っているのに、前の二つは、負けることから逃げている。

なんだか矛盾しているようだけど、「なんでもかんでも負ければいい」というわけではなく、「必要な負け」と「不必要な負け」がある。

その線引きが、ボクの場合は『時間』だ。

これに関しては、個人の捉え方によって変わってくる問題だとは思うんだけど、「『ひな壇』に参加して結果を出すと誉められる」というシステムが、ボクには『参勤交代』に見えちゃった。

『参勤交代』では、各藩の藩主を江戸に来させて、〝交通費〟を使わせて、各藩の経済状況を弱め、謀反を防げたわけだけれど、『ひな壇』も基本構造は同じ。

『ひな壇』は登場人物が多いため、一人あたりの出演時間がおおよそ決まっていて、その分、『待ち』の時間が多い。

そこに時間を支払ってしまうと、謀反（逆転）にかける時間がなくなってしまう。

「謀反」と言っちゃうと、ちょっと恐く聞こえちゃうけど、「エンタメで超えなければならない相手よりも、エンタメに時間を使わないと、エンタメで超えられない」っていう話ね。

だから、『ひな壇』に時間を使うことを止めちゃった。

以上3点が「キングコング西野が『ひな壇』に出ない理由」で、テレビ村の外に飛び出してみた。

そこそこ納得のいく理由だと思うんだけど、世間はそれを認めなかった。

まもなく、猛烈なバッシングが始まり、世間的には『負け』『負け』『負け』の烙印を押され続けた。

でも、ボク、オセロが得意なんだよ。
これらのバッシングを全て利用する方法を教えるね。
その前に、一旦、トイレに行ってきます。

まとめ

☑ モチベーションとは自然発生するものでなく、「良い結果」がもたらす産物である。

☑「苦手だからやらない」は、立派な戦略。

☑ キンコン西野は執筆中に一旦トイレに行くこともある。

競合を減らしたければ、自分の活動へのバッシングを拡散しろ。

ここからは「バッシングの正しい使い方」について、ボクの体験談を交えながらお話しするね。

芸能村を飛び出して、何もない荒れ地を一人でエッチラオッチラと耕しているボクの耳に飛び込んでくるのは、まるで鳴り止まないバッシング。

「ひな壇に出ろや！」
「なんで、芸人が絵本なんか描いとんねん！」
「ビジネスにまで手を出したか！　ヨゴレだな！」

ボクはもう村からいなくなったわけだから、わざわざボクに時間を割かなくてもいいのに、村からはそんな声が延々と届いてくる。
そんな、孤独な荒れ地開拓と、バッシングの日々を過ごしていたある日、ふと、あるコトに気がついた。

「あら？　いつまでたっても競合が出てこないぞ」

ビジネスの世界では『レッドオーシャン（血で血を洗う競争の激しい領域）』『ブルーオーシャン（競合相手のいない領域）』という言い方をするんだけれど、ボクのいる場所が、いつまで経ってもブルーオーシャンなんだ。

[レッドオーシャン]

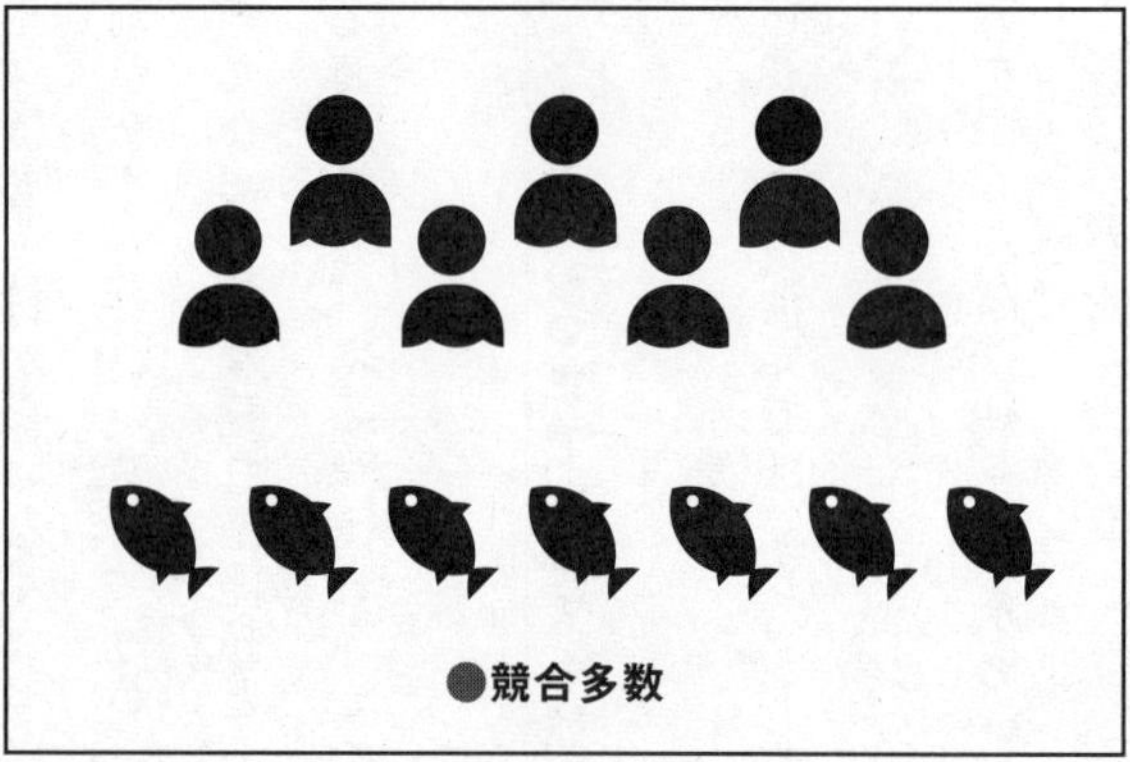

[ブルーオーシャン]

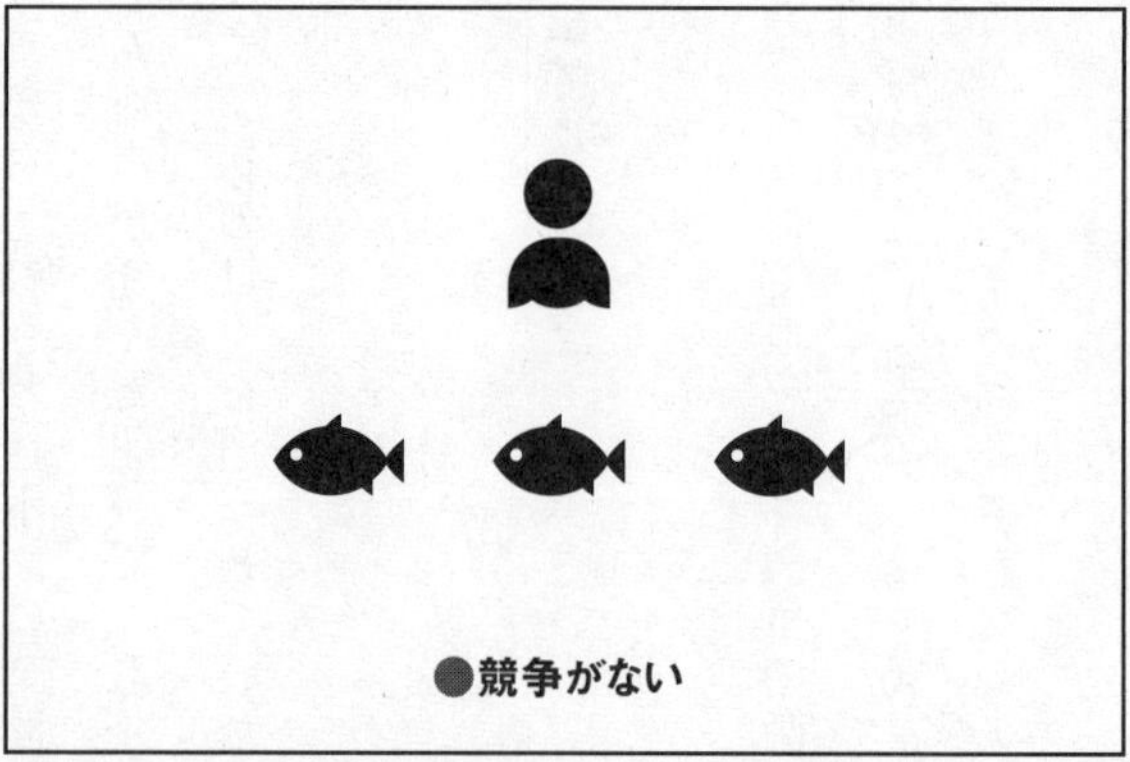

じゃあ、そのブルーオーシャンに「魚がいないか?」というとそんなことはなくて、自身4作目となる『えんとつ町のプペル』というメガヒット作品が出る前だったんだけど、絵本は確実に支持者を獲得していたし、ビジネスマン層からの支持も集め始めていて、講演依頼は日に日に増えていた。

『ひな壇』に出なくても、食える身体になっていた。


このブルーオーシャンには、たくさんの魚がいたんだけれど、世間はまだ気がついていない。

相変わらずバッシングを続けていて、世間的には、キングコング西野の身体からは血が流れている。

つまり、「あそこに行くと、自分もバッシングの対象になって、血を流す」と思われていたんだよね。

こうなったら、こっちのもの。

世間のバッシングを拡散して、ブルーオーシャンに行ったキングコング西野を、もっともっと八つ裂きにしちゃう。

八つ裂きにされている姿をメディアで流せば流すほど、こっちの海に来る人がいなくなる。

『荒れ地』と喩えたり、『海』と喩えたり、ややこしくて申し訳ないんだけど、もう一度『荒れ地』に話を戻すと、村からのバッシングを拡散して、演出の血をひけらかして、競合の足を止めている間に、畑を耕し、水道を通し、電気を通し、ガスを通し、街を作る。

村の人達が気がついた頃には、なんだか住みやすそうな街ができていて、さすがにバッシングは止む。

まもなく村から出てきた人達が、コチラの街に住もうとしたら、「もちろんオッケーですよ。その代わり、家賃を払ってくださいね」で一丁上がり。

まとめ

☑ **キミへのバッシングは積極的に拡散しよう。**
そうすることでブルーオーシャンである時間が延びる。

ヨット理論

これからキミの人生には、「追い風」「向かい風」「無風」の三つの「風」が入れ替わり立ち替わりやってくる。

今のキミにも、いずれかの風が吹いていると思う。

そしてキミは、なるべく「追い風」が吹くことを願っていて、それが無理なら「無風」であることを願い、「向かい風」だけは避けたいと考えているんじゃないかな？

だけど、その順番で「風」を捉えていると、少し勿体無い。

何が「勿体無い」のかを説明する為に、先に具体例を挙げるね。

「向かい風」を利用したゴミ拾いプロジェクト

2015年の話だ。

インスタグラムの後押しもあって、日本にも、いよいよ本格的にハロウィン祭りの波がきた。

あの夜の渋谷スクランブル交差点が大変な騒ぎになっている映像を、キミもニュースで一度は見たことがあるだろう?

まぁ、映像そのまま、現場もあの調子だったよ。

盛り上がるのは結構だけど、困ったことがあった。

ハロウィンのオバケに扮した連中が排出する大量のゴミだ。

行政が「ゴミは持ち帰ってください！」と何度も呼び掛けたけど、まるで効果無し。

ハロウィンの翌朝の渋谷には、投げ捨てられた大量のゴミが溢れ、その酷さは年々増していく。

そして迎えた2015ハロウィン。

状況でいうと、『向かい風』だよね。

渋谷の街を守りたい人達が皆、頭を悩ませていたので、渋谷区に、こんな提案をしてみた。

「『ゴミを出すな』と何度言ってもゴミを出されてしまうので、ハロウィン当日に『ゴミを出すな』と力で押しつけるのではなくて、ハロウィン翌朝に『ゴミが無いと成立しないイベント』を企画しましょう」

ハロウィンのゴミを「オバケのカス」に見立てて、そのオバケのカスを掃除するのは、ご存知『ゴーストバスターズ』。

ハロウィン翌朝に、皆で、『ゴーストバスターズ』の仮装をして、ゴミを拾っちゃう作戦。

ダメもとで、『ゴーストバスターズ』に許可を取りにいったら、「喜んで！」の一言。

なんと『ゴーストバスターズ』の公式ロゴを貸していただけるこ

ととなった。

このアイデアをツイッターに投稿したところ、500人のボランティアスタッフが数分で集まった。

『アンチ西野』達が「西野に手柄をあげさせるな！　西野達よりも先に渋谷に入って、渋谷を綺麗にして、邪魔してやろう！」というオマケつき。

ありがとうアンチ西野。

集めたゴミは別の場所に移動させて、そのゴミを使って皆で巨大なオブジェを作る。

ゴールを「オブジェ作り」に設定すると、『ゴミ拾い』が『材料集め』になり、皆、競ってゴミを集め始めたんだ。

結果、2015年のハロウィンの翌朝は、一年で一番渋谷が綺麗な日となった。

これから大切なことを話すから、よく聞いてね。

風が吹けばヨットは進む

ヨットは『追い風』だと前に進むし、『向かい風』でも帆の傾け具合で前に進む。

一番やっかいなのは『無風』で、この時、ヨットはピクリとも動かない。

2015年の渋谷は、帆を正しい角度に傾け、ハロウィンの夜に吹いた『向かい風』を利用して、前に進んだ。

キミの人生もそうだ。

今、どの角度から風が吹いている?

もし『向かい風』が吹いているのなら、そいつはキミの身体を大きく前に進めてくれるエネルギーとなるから、その風は避けずに、正しい帆の角度を探るといい。

キミが本当に避けなきゃいけないのは『無風』だ。

定位置にいるようだけど、実際のところはジリジリと後退している。
だって、周りが前に進んでいるんだもん。
嫌なことがあった時に、このヨットの話を思い出してみて。
少しだけ光が見えると思う。

そろそろ、この本も終わっちゃうので、最後に。
挑戦しているキミへ、ボクから少し長い手紙を贈ります。

まとめ

☑ **「追い風」でも「向かい風」でも前に進むが、「無風」は危険。**

『夢を追いかけているキミへ』

会ったこともないキミに贈る手紙というのは、なかなか難しい。
キミの好みはおろか、顔すら想像できない。
だけど、この本を手に取るぐらいのキミだ。
今のキミが置かれている状況ぐらいは少し予想がつく。

きっと、少し前のボクのように、
ジタバタもがいては、まわりから鼻で笑われて、
努めて前向きな言葉を綴るが、それが「強がり」ということも本当は分かっている。
誰にも負けない自分だけの武器を持ち合わせていないことも知っているし、

今の挑戦には制限時間があることも知っている。

圧倒的努力からは目を背け、
巷に溢れている小賢しい方法論だけを追い、
そうこうしている間に、昨日まで肩を並べていたアイツは、もう
随分と先に行ってしまった。
きっと、そんなところじゃないかな？

手に取るように分かるよ。
みんな、その道を通るから。
もちろんボクも。

きっとキミは、これまで何度も「頑張ろう」と思ってきたハズだ。
何度も何度も自分に檄を飛ばしてきたハズだ。
だけど、エンジンがかかりきらない。
そんな〝自分の為には頑張りきれないキミ〟に、こんな話を贈ります。
キミのような、「夢を追いかける人間」が背負っている責任についての話。

夢を追いかける人間には「責任」がある。
キミは、その「責任」について考えたことがあるかな？

今、キミのまわりには、たくさんの人がいる。
その中には、その昔、夢を持ち、
どこかで折り合いをつけ、
夢を捨てた人がいる。

そんな中、キミは、彼らが折り合いをつけて捨ててしまった夢を
まだ持ち続け、
そして、その夢を叶えようと頑張っている。
夢を捨てた彼らにしてみれば、夢に向かって走るキミの姿は目障りで仕方がない。
キミの夢が叶ってしまったら、「夢は叶わないから、もう諦めよう」

と折り合いをつけた〝あの日〟の自分が間違いだったことを受け入れなきゃいけなくなるからだ。

当然、「俺も諦めたのだから、お前も諦めろよ」という力学が働く。

キミは、皆が捨てて今はもうゴミになってしまった夢を持ち続けている『ゴミ人間』で、彼らからすると、キミは酷く汚く、そして酷く臭い。

迷惑なんだよ。

この話を聞いてどう思った？

そんなの知ったこっちゃないよね？
キミはただキミの人生を懸命に生きているだけで、
彼らの足を引っ張るような真似はしていない。
彼らの夢を諦めたのは彼ら自身じゃないか。
なぜ、そのシワ寄せがキミにくる？
キミにしてみれば、なんとも理不尽な話だ。

でもね、
キミも被害者かもしれないけど、彼らも被害者なんだ。
彼らも、キミが頑張る姿から精神的な攻撃を受けている。
キミにそのつもりがなくても、キミの活動は「夢を諦めたお前らは間違っている」というメッセージを放っている。

そのメッセージが彼らの胸をえぐっているんだ。

自分の夢を追いかけることが、まさか誰かを傷つけていたなんて思わなかっただろ？

だけど、キミが輝けば輝くほど、彼らの闇は深くなる。

これは誰も悪くない。

世界の理だ。

事実、キミがどれだけ正論を並べようが、キミを取り巻く状況はまるで改善されないだろう？

彼らは執拗にキミの足を引っ張ってくるだろう？

人間が感情の生き物である以上、この理不尽が世界から無くなることはない。

ただ、

世界からこの理不尽が無くなることはないけど、

キミの半径数キロ圏内から、この理不尽を無くす方法が一つだけ

ある。

その方法は、もう分かっているよね？

いつまで、その場所にいるつもりだ？

いつまで中途半端な努力を続け、

いつまで周囲に夢をチラつかせ、

そして、いつまで、

折り合いをつけて夢を捨ててしまった人達を精神的に攻撃し続けるつもりだ?

キミが攻撃を止めない限り、キミへの攻撃は止むことはない。

この戦争は、キミにしか止められない。

キミが終わらせるしかないんだよ。

誰よりも行動し、

誰よりも情報を収集し、

絶望とも呼べる量の努力をして、

たくさんの傷を負って、
夢を見始めたあの頃の自分の想いを背負って、
頭上にかかった鉛色の雲を抜けて、その上に行け。
キミが重力圏を突破して、
彼らが諦めた夢を代わりに見せてあげることを約束すれば、その時、
キミの夢は彼らの希望になる。
キミが彼らを助けてあげるんだ。
それが夢を追いかける人間の責任だ。
それがキミの責任だ。
まもなくこの長ったらしい手紙も終わる。

冒頭から先輩面をして偉そうに語っているけど、ボクもキミと同じ「挑戦者」で、そろそろ仕事に戻らないと、いいかげんスタッフから怒られちゃう。

ウチのスタッフは、せっかちなんだよ。

今回、せっかくこういう形で時間を共有したのだから、いつかお互いの活動報告ができるといいね。

お互いに頑張っていれば、今いる場所よりもずっとずっと先で必ず出会えるから、その夜に、また話をしよう。

もしも道に迷ったら、その時はこの手紙を読みかえして、少し休んで、また歩き出してください。

胸を張って話せるようにボクも頑張るから、キミも頑張って。
最後まで付き合ってくれてありがとう。
応援しています。

2019年4月　西野亮廣

画像提供／幻冬舎（P 18-19、71、95、102-103、200-201）
近畿大学（P167、190）
本文デザイン／末吉亮

初出
本書は、2016年8月に主婦と生活社より発売された
『魔法のコンパス 道なき道の歩き方』を文庫化したものです。
それにあたり、今という時代に対応した内容とすべく、
すべてのページをあらためて書き下ろしました。

新《しん》・魔法《まほう》のコンパス

西野亮廣《にしのあきひろ》

令和元年 5月25日 初版発行
令和2年 10月30日 再版発行

発行者●三宅 明

発行●株式会社KADOKAWA
〒102-8177 東京都千代田区富士見2-13-3
電話 0570-002-301(ナビダイヤル)

角川文庫 21611

印刷所●株式会社暁印刷
製本所●株式会社ビルディング・ブックセンター

表紙画●和田三造

◎本書の無断複製（コピー、スキャン、デジタル化等）並びに無断複製物の譲渡および配信は、著作権法上での例外を除き禁じられています。また、本書を代行業者等の第三者に依頼して複製する行為は、たとえ個人や家庭内での利用であっても一切認められておりません。
◎定価はカバーに表示してあります。

●お問い合わせ
https://www.kadokawa.co.jp/ (「お問い合わせ」へお進みください)
※内容によっては、お答えできない場合があります。
※サポートは日本国内のみとさせていただきます。
※Japanese text only

©AKIHIRO NISHINO／YOSHIMOTO KOGYO 2019 Printed in Japan
ISBN 978-4-04-896455-5 C0195

◇◇◇

角川文庫発刊に際して

角川源義

第二次世界大戦の敗北は、軍事力の敗北であった以上に、私たちの若い文化力の敗退であった。私たちの文化が戦争に対して如何に無力であり、単なるあだ花に過ぎなかったかを、私たちは身を以て体験し痛感した。西洋近代文化の摂取にとって、明治以後八十年の歳月は決して短かすぎたとは言えない。にもかかわらず、近代文化の伝統を確立し、自由な批判と柔軟な良識に富む文化層として自らを形成することに私たちは失敗して来た。そしてこれは、各層への文化の普及滲透を任務とする出版人の責任でもあった。

一九四五年以来、私たちは再び振出しに戻り、第一歩から踏み出すことを余儀なくされた。これは大きな不幸ではあるが、反面、これまでの混沌・未熟・歪曲の中にあった我が国の文化に秩序と確たる基礎を齎らすためには絶好の機会でもある。角川書店は、このような祖国の文化的危機にあたり、微力をも顧みず再建の礎石たるべき抱負と決意とをもって出発したが、ここに創立以来の念願を果すべく角川文庫を発刊する。これまで刊行されたあらゆる全集叢書文庫類の長所と短所とを検討し、古今東西の不朽の典籍を、良心的編集のもとに、廉価に、そして書架にふさわしい美本として、多くのひとびとに提供しようとする。しかし私たちは徒らに百科全書的な知識のジレッタントを作ることを目的とせず、あくまで祖国の文化に秩序と再建への道を示し、この文庫を角川書店の栄ある事業として、今後永久に継続発展せしめ、学芸と教養との殿堂として大成せんことを期したい。多くの読書子の愛情ある忠言と支持とによって、この希望と抱負とを完遂せしめられんことを願う。

一九四九年五月三日